Augustin Schelle

Über den Grund der Sittlichkeit

Nebst einigen Sätzen aus der praktischen Philosophie

Augustin Schelle

Über den Grund der Sittlichkeit
Nebst einigen Sätzen aus der praktischen Philosophie

ISBN/EAN: 9783743692121

Hergestellt in Europa, USA, Kanada, Australien, Japan

Cover: Foto ©ninafisch / pixelio.de

Weitere Bücher finden Sie auf **www.hansebooks.com**

Ueber den Grund
der
Sittlichkeit.

Nebst einigen Sätzen
aus der
praktischen Philosophie,
welche
auf der Universität zu Salzburg zur öffentl.
Disputation aufstellen die hoch- und
hochwohlgebohrnen Herren

Johann Nepomuk von Küenburg,
des heil. röm. Reichs Graf, von Salzburg,

und

Kajetan von Gumppenberg,
des heil. röm. Reichs Freyherr, hochfürstl. Edelknab,
von Regensburg,

unter dem Vorsitze des ordentl. Lehrers,
Augustin Schelle,
Benediktiners aus dem Stifte Tegernsee.

Den 17ten Erndemonaths 1791.

Salzburg.
Gedruckt, und verlegt bey Franz Xav. Duyle, Hof-
und Universitäts-Buchdrucker.

Dem

Hochwürdigsten,

des

heiligen römischen Reichs Fürsten,

Hieronymus Josephus,

Erzbischofen zu Salzburg,

gebohrnen Legaten

des heiligen apostolischen Stuhls zu Rom,

Primaten von Deutschland :c.

Hochwürdigster Erzbischof,

gnädigster Fürst und Herr! ꝛc.

Die vielfältigen guten Anstalten zur Beförderung der Wissenschaften und jeder Art von
bessern Kenntnissen, welche Ew. Hochfürstl. Gnaden während Höchstdero glücklichen Regierung
zu Stande gebracht haben — ein zwar sehr
wichtiger, aber doch nur kleiner Theil der
Ihrem Volke erwiesenen Wohlthaten — ver-
schaften uns Gelegenheit zu gründlichem Unter-
richt in verschiedenen Fächern, weckten unsere
Wißbegierde, reizten unsern Fleiß, bewogen
uns, eine öffentliche Probe unserer erworbenen

Kennt-

Kenntnisse zu geben, und machten uns Muth, hierzu Höchstdero Schuz zu erflehen, und unsern Prüfungssätzen Höchstdero Nahmen vorzusezen. Für die von Zeit zu Zeit verbesserten und erweiterten Lehranstalten bey der Universität und dem Gymnasium, für die neu errichteten Lehrstühle der Chirurgie, und des Accouchements, für das erweiterte und zweckmäßiger eingerichtete Priesterhaus, für die in ganz neuer, vortrefflicher Gestalt erscheinenden Normal- und Trivialschulen, für die reichlich

ver-

vermehrte, und dem Publikum geöffnete Hof-
bibliothek, für das neuerrichtete Schullehrer-
Seminarium werden einst die späten Nachkom-
men noch Höchstdero Nahmen preisen. Wir
schätzen uns glücklich, dieß alles entstehen und
werden zusehen, und dem Höchstweisen Schö-
pfer aller dieser Dinge jetzt hier öffentlich mit
Worten, und dann, so lange wir leben, dadurch danken zu können: daß wir uns eifrigst
bemühen, den wohlthätigen Absichten des wei-
sesten Fürsten zu entsprechen, und zu weiterer

Ver-

Verbreitung derselben taugliche Werkzeuge zu werden. Wir verharren in tiefester Ehrfurcht

Ew. Hochfürstl. Gnaden ꝛc. ꝛc.

Salzburg,
den 4ten August 1791,

Unterth. gehorſ.
Johann Graf Küenburg,
Cajetan Baron Gumppenberg,
Edelknab.

Im ganzen Gebiethe der Wahrheiten, sind diejenigen bey weitem die allerwichtigsten, welche uns anzeigen, wie wir unsere freyen Handlungen einrichten sollen; und, wenn es bey irgend einer Classe von Wahrheiten wichtig ist, einen allgemein gültigen Grundsatz zu finden, aus welchem sich alle zu eben derselben Classe gehörenden Wahrheiten leicht und auf eine, auch dem gemeinen Menschenverstand, faßliche Art ableiten lassen; so ist das im höchsten Grade wichtig bey den Wahrheiten, wodurch die Sittlichkeit unserer Handlungen bestimmt wird. Dieß stellt Niemand in Abrede, als etwa die wenigen Elenden, wenn's doch welche giebt, die alle Sittlichkeit läugnen, alle Handlungen für gleich gut, und Tugend für Chimäre halten.

Dem ungeachtet sind die Gelehrten noch nicht einig, weder bey einzelnen Sätzen, welche die Sittlich-

keit

keit einiger Handlungen anzeigen sollen, nach bey dem Grunde, d. i. bey der Natur und dem Wesen der Sittlichkeit, welcher einen Satz geben sollte, an welchem, wie an einem Spiegel, man sowohl die Qualität, als die Quantität der Sittlichkeit einer jeden einzelnen Handlung sehen könnte. Es sind nun schon mehr als zweytausend Jahre, daß die Menschen angefangen haben Wahrheiten zu classificiren, und für jede Classe einen höchsten Grundsatz zu suchen. Vieles ist entdeckt, alle Wissenschaften sind erweitert, erleichtert, und besser geordnet worden: aber soweit ist man bis jetzt weder bey der Classe der Wahrheiten, welche die Sittlichkeit unserer Handlungen erklären, noch überhaupt bey den philosophischen gekommen, daß man allgemeingeltende Grundsätze für die hierher gehörigen Wahrheiten aufgestellt hätte. Nur so weit haben es Theils unsere Vorfahren, Theils unsere Zeitgenossen gebracht, daß wir jetzt von manchen, in den vorigen Zeiten als solche Gründe aufgestellten Sätzen ihre Untauglichkeit hierzu einsehen. Immer ein nicht zuverachtender Gewinn; wenn es wahr ist, daß die Menschen nach allen um die in der Mitte thronende einzige Wahrheit herumstehende Scheinwahrheiten grei-

greiffen, ehe sie jene anfassen: und wenn sie selbe einmahl gefaßt haben, nicht mehr verlassen. Was besonders die Sittenphilosophie anbelangt, so schien es von etwa 1760 bis 1785, als wenn der Satz: Befördere deine und des Ganzen Glückseligkeit als höchster Grundsatz des ganzen Sittengesetzes allgemein geltend werden wollte. Die meisten und die besten Sittenlehrer nahmen ihn an, erläuterten ihn von allen Seiten, und zeigten seine Anwendung. Sogar Theologen fanden nun — da sie immer mehr anfingen, alle positive Offenbarung bloß als Nachhilfe unserer beschränkten Vernunft, als Erläuterung, Bekräftigung, zum Theile auch als Zusatz zu den Vernunftwahrheiten anzusehen — in der Sittenlehre des Evangeliums weiter nichts als die Glückseligkeitslehre für das Menschengeschlecht, und stellten sie auch unter diesem Gesichtspunkte, wie mich dünkt, nicht ohne großen Nutzen vor. Auf einmahl erschien im Jahre 1785, des schon früher durch andere Schriften, und vornehmlich durch eine Kritik der reinen Vernunft berühmt gewordenen Immanuel Kant Grundlegung zur Metaphysik der Sitten, und 1788 ebendesselben Kritik der praktischen Vernunft,

in

in welchen beyden Schriften alle bis dahin vorgetragene Systeme der Sittenlehre, und vornehmlich
das System der Glückseligkeit als ganz untaulänglich,
unschicklich, ja sogar schädlich erklärt werden. Kant
hat, besonders seit der Ausgabe seiner Kritik der
praktischen Vernunft, viele Anhänger erhalten.
Doch hat auch das Glückseligkeitssystem noch seine
wichtigen Vertheidiger: und bey der noch fortdauern-
den Fehde der beyden Partheyen glaube ich eine nützliche, den Umständen der Zeit und des Orts ange-
messene Arbeit zu unternehmen, wenn ich beyde,
gewiß einander nicht ganz entgegenstehende Systeme
so nebeneinander hinstelle, daß man ein jedes leicht
übersehen, und die Punkte, worin sie miteinander
übereinstimmen, oder voneinander abweichen, bemer-
ken kann. Bisweilen werde ich auch versuchen irgend etwas näher zu bestimmen, oder doch anzeigen,
wo ich glaube, daß nähere Bestimmung nothwendig,
oder nützlich sey. Vielleicht zeigt sich am Ende,
daß wenigstens die Hauptsätze der beyden Systeme
in der Anwendung könnten zusammengenommen werden. Meine Absicht hierbey ist 1) denen, welche
durch die eigene Terminologie und andere Beschwer-
lich

Künstler von Lesung der kantischen Schriften sich haben abhalten lassen; einen, soviel möglich, hinlänglichen Begriff vom Systeme der kantischen Sittenlehre beyzubringen; ihnen das Verstehen der Grundlegung zur Metaphysik der Sitten, und der Kritik der praktischen Vernunft zu erleichtern; und sie zum Studium dieser und ähnlicher Schriften zu reitzen. *)

2) Den noch obwaltenden und vielleicht bisher zu hitzig geführten Streit um einen Schritt dem Ziele .... näher

---

*) Es scheint dieß Studium von Tag zu Tag nicht nur für Philosophen von Profession, sondern auch für Theologen und alle, welche von der Religion mehr als populäre Kenntnisse haben sollen, oder wollen, nothwendiger zu werden. Denn man fängt an, die kantischen Grundsätze, vornehmlich diejenigen, welche sich auf Sittlichkeit beziehen, auf die Religion anzuwenden, und manche in den letzten Jahren erschienene Religionsschriften setzen dieselben voraus, und sind darauf gebauet. Z. B. Einzigmöglicher Zweck Jesu aus dem Grundgesetze der Religion entwickelt. 8. Berlin 1789. Ueber reinen Naturalismus und positive, insonderheit christliche Religion und deren Verhältnisse zur Volksaufklärung. 8. Berlin 1790. Ueber den Geist der Sittenlehre Jesu und seiner Apostel von Dr. Joh. Wilhelm Schmid zu Jena 1790. Hr. Schmid findet die kantischen Grundsätze der Sittlichkeit noch weit klarer, deutlicher, und vielfältiger im Evangelium, als Steinbart, Bahrdt, und andere die Glückseligkeitslehre darin gefunden haben. Nur wird ihm immer im Wege stehen, daß Christus öfter die ewige Glückseligkeit als Beweggrund zum Guten empfiehlt.

näher zu bringen, dadurch, daß ich zu neuen Erläuterungen und nähern Bestimmungen einiger Punkte Anlaß gebe. 3) Zu zeigen, wie wenigstens ein Theil von den kantischen Lehren schon jetzt könne benutzt werden und immer werde benutzt werden können, wenn auch sein System ganz genommen, wie es jetzt vor Augen liegt, nie allgemein geltend werden sollte. Freylich gehe ich nur schüchtern an diese Arbeit. Die vielen Klagen der Kantianer, daß man sie nicht verstanden habe, machen mich fürchten, daß auch mir eben dasselbe begegnet seyn möchte, und daß ich also wohl gar kein Theilchen von meinem Zwecke erreichen werde. Doch will ich es immer wagen: denn auch in diesem Falle bleibt mir noch die Hoffnung, daß ich durch diese Schrift hellersehenden und nachsichtigen Gelehrten Gelegenheit gebe, mich und andere, die eben so, wie ich, irren, eines Bessern zu belehren.

Um

Um, wenn ich allenfalls die kantischen Begriffe und Ideen hin und wieder unrecht verstanden hätte, nicht auch andere in Irrthum zu führen, habe ich Anfangs versucht, die Vorstellung des kantischen Systems bloß mit den Worten des berühmten Philosophen zu geben. Ich merkte aber bald, daß der nach dieser Regel gemachten Auszug aus dem I. Buch des I. Theils der Kritik der praktischen Vernunft viele nicht, oder nur schwer, und mit vieler Anstrengung verstehen würden, von denen ich verstanden zu werden wünsche. Ich entschloß mich also einige Gedanken über den Ideengang des Hrn. Kant, die ich mir aus verschiedenen Schriften gesammelt habe, und die meines Erachtens das Verstehen des folgenden Auszugs erleichtern können, voranzuschicken. Sie bestehen im folgenden.

Kant setzt voraus, daß jeder Mensch durch das gemeine, sich allmählig entwickelnde Erkenntnißvermögen gewisse, dunkle, oder klare Begriffe von Pflicht, Recht, Unrecht, Tugend und Laster, vom Guten und Bösen in den menschlichen Handlungen entdecke, welche den Neigungen und ihren Ansprüchen entgegen gesetzt sind. Daß diese Begriffe auf unsere Urtheile, Gefühle und Handlungen Einfluß haben; daß wir sie nicht wegvernünfteln; daß wir ihnen innerliche Achtung nicht verweigern können, auch wenn

ihnen

ihnen die ſtärkſte Neigung in der Ausübung entgegen
ſteht. Aus dieſen Begriffen entſteht nach Kant das
Bewußtſeyn einer Freyheit im Handeln, das iſt, einer von der ganzen Sinnenwelt unabhängigen Handlungsart: denn wir ſind uns bewußt, daß wir gegen die ſtärkſten Neigungen handeln können. Es
müſſen alſo die Begriffe ſelbſt, durch die ſo eine
Handlungsart möglich wird, nämlich die Begriffe
von Pflicht ꝛc., und folglich auch ein Geſetz, ohne
welchem jene Begriffe ſich nicht denken laſſen, von
der Sinnenwelt ganz unabhängig, d. i. Begriffe a
Priori, rein an ſich, und in ihrem Urſprunge ſeyn.
Der Populärſittenlehrer braucht mehr nicht, als auf
dieſe, jedem ſich ſelbſt darbiethende Begriffe aufmerk-
ſam zu machen, und ihre an ſich ſchon praktiſche
Kraft vorzüglich durch Wegräumung der von der
Sinnlichkeit herrührenden Hinderniſſe zu ſtärken; der
kritiſche Philoſoph aber muß zeigen: wie dieſe Begriffe und ſo ein Geſetz möglich, wie ſie in der Natur unſers Erkenntnißvermögens gegründet, und an
ſich ſelbſt, ohne fremde Beyhilfe praktiſch ſeyn, ja
alle von außen herkommende Hinderniſſe, alles Entge-
genſtreben der Neigungen überwinden können. Dieß
verſuchte Kant in ſeiner Grundlegung zur Metaphy-
ſik der Sitten und in der Kritik der praktiſchen Vernunft, und fand, daß jene unverweigerliche Achtung,
die wir für Pflicht und Recht, und dann auch gegen

uns

uns selbst haben, wenn wir aus Pflicht handeln,
daraus entstehe, daß unser edelstes Vermögen, unsere
Vernunft, unabhängig von allem andern die Urhebe-
rinn des Gesetzes sey, das wir, dieser Unabhängigkeit wegen, Gesetz der Freyheit und der Sittlichkeit
nennen; daß wir folglich nur unsere eigenen Gesetze
beobachten. Kant wollte und mußte also zeigen,
daß die Vernunft nicht bloß rein seyn, das ist
Urtheile, und Grundsätze unabhängig von aller
Erfahrung, ganz a Priori hervorbringen könne; sondern auch, daß sie praktisch sey, d. i. daß diese a
Priori hervorgebrachten Grundsätze einen Bestimmungsgrund des Begehrungsvermögens enthalten. Wie er
das gethan habe, kann man aus dem nun folgenden
Auszug, wenigstens einiger Maßen ersehen.

I.

Vorstellung des kantischen Systems.

1. Die Vernunft (das Vermögen etwas aus
Principien, das besondere aus dem Allgemeinen zu
erkennen) ist rein, wenn sie Begriffe, und syntheti-
sche Urtheile, * unabhängig von den Sinnen und vom

Ver-

*) Durch Begriff versteht Kant eine allgemeine Vorstellung.
Eine einzelne Vorstellung nennt er Anschauung. Das
Pferd überhaupt wird durch einen Begriff vorgestellt; ein
einzelnes durch Anschauung. — Das Urtheil ist synthe-
tisch, wenn man ein Prädikat mit einem Subjekte ver-
bindet

Verſtande (dem Vermögen ſinnliche Gegenſtände zu
denken, Begriffe und Urtheile von ihnen zu bilden)
ſchlechthin a Priori hervorbringt. Krit. d. rein.
Vern. S. 306.

2. Die reine Vernunft iſt praktiſch, wenn die
von ihr hervorgebrachten Begriffe, Urtheile, Grundſätze ꝛc. hinreichenden Grund zur Willensbeſtimmung *
enthalten. Krit. d. prakt. Vern. S. 36. Grundſä-
ße,

---

bindet, in welchem daſſelbe nicht liegt, ob es gleich zu
ihm gehört: wo alſo zum Subjekte etwas hinzugeſetzt
wird. Es iſt dem analytiſchen Urtheile entgegengeſetzt,
wo die Verknüpfung des Prädikats mit dem Subjekte
durch den Begriff des letztern ſelbſt nothwendig beſtimmt
wird; wo alſo das Prädikat ſelbſt ſchon im Subjekte liegt,
und das Ganze nur eine Zergliederung und Erläuterung iſt. Die analytiſchen Urtheile ſind rein, wenn
ſchon der Begriff auf Erfahrung beruht; weil, nachdem
der Begriff einmahl vorhanden iſt, zum Urtheile weiter
keine Wahrnehmung, ſondern nur Anwendung des Satzes
des Widerſpruchs auf den Begriff nöthig iſt. Die ſyn-
thetiſchen Urtheile fließen nicht aus dem Satze des Widerſpruchs.

*) Wille iſt ein Vermögen nach Vorſtellungen zu handeln.
Vernünftiger Wille ein Vermögen nach Principien, d. i.
nach Vorſtellungen von Geſetzen zu handeln. Der vernünftige Wille iſt reiner, abſolut freyer Wille, wenn er
bloß durch Prinzipien der reinen, von Sinnlichkeit unabhängigen Vernunft beſtimmt wird. Er iſt empiriſcher,
ſinnlich afficirter Wille, wenn er durch empiriſche, von
der praktiſchen Sinnlichkeit abhängige, Vernunftgrundſätze
beſtimmt wird. Grundl. zur Metaph. der Sitten.

te, welche bloß auf Erfahrung gebauet, bloß durch Erfahrung erkannt sind, heißen empirische Grundsätze, und gehören nicht der reinen Vernunft an.

3. Ein praktischer Grundsatz, der ein Objekt, oder eine Materie des Begehrungsvermögens, d. i. einen Gegenstand voraussetzt, dessen Wirklichkeit begehrt wird, ist ein bloß empirischer Grundsatz. Krit. d. prakt. Vern. S. 38. Den die Begierde nach diesem Gegenstande würde vor der praktischen Regel hergehen, und die Bedingung seyn, sich die Regel zum Princip zu machen, und die Vorstellung sammt der Lust an der Wirklichkeit eines Gegenstandes müßten als Bedingung der Möglichkeit der Bestimmung der Willkühr vorausgesetzet werden. Es kann aber von gar keiner Vorstellung a Priori erkannt werden, ob sie mit Lust oder Unlust verbunden sey; der Bestimmungsgrund der Willkühr wäre also in diesem Falle empirisch. *

4. Wenn

_____

*) Es kann freylich kein Wollen ohne Materie oder Gegenstand seyn; nur darf die Materie oder der Gegenstand des Wollens nicht der Bestimmungsgrund der Willkühr seyn, wenn nicht der Bestimmungsgrund selbst empirisch werden sollte. Denn ist der Gegenstand des Wollens auch Bestimmungsgrund, so ist die Erwartung der Existenz des Gegenstandes die bestimmende Ursache, und die Abhängigkeit des Begehrungsvermögens von der Existenz irgend einer Sache wird dem Wollen zum Grunde gelegt:

4. Wenn ein praktischer Grundſatz bloß ſub=
jektiv iſt, d. i. wenn die darin enthaltene Bedin=
gung der Möglichkeit der Beſtimmung der Willkühr
nur als für den Willen des Subjekts gültig von
ihm angeſehen wird, ſo heißt er Maxime: iſt er
aber objektiv, d. i. wird die Bedingung als für
den Willen jedes vernünftigen Weſens gültig erkannt,
ſo iſt er praktiſches Geſetz. Krit. d. prakt. Vern.
S. 36. — Alle empiriſche Grundſätze können nur
Maximen, nie Geſetze ſeyn; weil ſie als empiriſch
nur ſubjektiv ſeyn können. *

ſ. Hieraus

legt: eine ſolche Abhängigkeit des Begehrungsvermögen
kann aber immer nur in empiriſchen Bedingungen ge=
ſucht werden. Z. B. Glückſeligkeit fremder Weſen kann
das Objekt des Willens eines vernünftigen Weſens ſeyn;
aber nicht der Beſtimmungsgrund. Wäre ſie das, ſo
müßte man vorausſetzen, daß das vernünftige Weſen an
dem Wohlſeyn anderer nicht nur ein natürliches Vergnü=
gen, ſondern auch ein Bedürfniß finde, welches nur durch
Erfahrung erkannt werden kann.

*) Z. B. Wenn die Glückſeligkeit fremder Weſen als Be=
ſtimmungsgrund angenomen wird, ſo kann der Grund=
ſatz nur eine Maxime, nicht ein meraliſches Geſetz ge=
ben. Denn, wenn man auch annimmt, daß alle Men=
ſchen nicht nur ein natürliches Vergnügen, ſondern auch
ein Bedürfniß an dem Wohlſeyn anderer finden, ſo kann
man das doch nicht bey allen vernünftigen Weſen,
bey Gott gar nicht, vorausſetzen. — Daß aber alles
Empiriſche von ſolcher Beſchaffenheit ſey, läßt ſich daher
leicht begreifen, weil die Erfahrungen bey verſchiedenen
Sub=

5. Hieraus folgt, daß, wenn ein vernünftiges Wesen sich seine Maximen, als allgemeine Gesetze denken will, es dieselben nur als solche Principien denken könne, welche nicht der Materie, welche der Gegenstand des Wollens ist, sondern nur der Form * nach den Bestimmungsgrund des Willens enthalten.

Denn

_____

Subjekten ganz verschieden sind, ja bey eben demselben Subjekt sich von Zeit zu Zeit ändern: also die auf Erfahrung gebauten Grundsätze immer nur für das Subjekt, das gerade diese Erfahrungen hat, Bestimmungsgrund seyn können. Bey einem Gesetze aber kann man nicht anders, als einen für alle diejenigen gültigen Bestimmungsgrund denken, für die es ein Gesetz seyn soll. Das Vernunftgesetz soll aber für alle vernünftige Wesen ein Gesetz seyn; es darf also keine Erfahrung dabey vorausgesetzt werden.

*) Form ist bey Kant überhaupt soviel als Bestimmung; sie ist der Materie, dem Bestimmbaren, dem Gegebenen entgegengesetzt. Insbesondere ist Form dasjenige, wodurch eine gewisse Art der Verknüpfung von Vorstellungen bestimmt wird, und heißt dann Form der Erkenntniß. Sie ist Form des Anschauens, oder Form des Denkens. Jene besteht in der Art, wie die Sinne etwas vorstellen. Diese ist wieder zweyfach: Form des Denkens im Verstande, welche auch Form der Erfahrung, Verstandesform heißt, und nichts anders ist, als die Art, wie der Verstand die Anschauungen behandelt, nämlich, daß er sie unter Begriffe und Regeln bringt: und die Form des Denkens in der Vernunft, welche Form der Vernunfterkenntniß heißt, und nichts anders ist, als die Art und Weise, wie sich die Vernunft etwas denkt, nämlich so, daß sie die Verstandesbegriffe und

Regeln

Denn wäre die Materie der Bestimmungsgrund des
Willens, so wäre er empirisch, folglich subjektiv,
und nicht allgemein. Wenn ich aber die Materie
weg thue, so bleibt nichts übrig, als die Form;
es kann also die Maxime bloß der Form nach als
Gesetz gedacht werden.

6. Die Form, welche etwas als Gesetz bestimmt,
besteht in der Allgemeinheit. Krit. d. prakt. Vern.
S. 36. Meine Maxime erhält also Gesetzeskraft,
wenn ich mir denken kann, daß sie zugleich als Princip einer allgemeinen Gesetzgebung gelten könne, oder
wenn ich wünschen kann, daß alle vernünftige Wesen sie als Gesetz befolgen möchten: denn nur so
enthält sie einen zureichenden Bestimmungsgrund des
Willens für alle vernünftige Wesen. *

7. Der

Regeln unter noch höhere Einheit und Allgemeinheit
bringt. Alle diese Erkenntnißformen sind subjektiv, a
Priori und vor aller gegebenen Materie in uns, und erst
durch sie wird die objektive Form der vorgestellten Gegenstände bestimmt. Krit. d. rein. Vern.

*) Diesemnach wäre der höchste Grundsatz für die vernünf-
tige Willensbestimmung folgender: Handle so, daß die
Maxime deines Willens jederzeit zugleich als Princip
einer allgemeinen Gesetzgebung gelten könne. Und,
wenn ich wissen will, ob eine Handlung zu der ich diesen oder jenen Bestimmungsgrund in mir fühle, der
Vernunft gemäß und gut sey, z. B. ob es auch recht
sey,

7. Der erste negative Begriff von unserer Freyheit besteht in nichts anderm als in einer Unabhängigkeit von dem Naturgesetze der Erscheinungen: der zwente, positive sagt uns, sie sey das Vermögen einer Substanz, ihre Wirksamkeit oder Selbstthätigkeit nach Regeln zu bestimmen. Krit. d. prakt. Vern. S. 53. Ein Wille, welchem die bloße gesetzgebente Form der Maximen zureichender Bestimmungsgrund ist, hat Freyheit im negativen Sinn. Denn die bloße gesetzgebende Form enthält keine Materie, und ist also von dem ganzen Naturgesetze der Erscheinungen unabhängig; und, was daraus folgt, es ist auch der Bestimmungsgrund eines solchen Willens, und dann der Wille selbst davon unabhängig. Er hat aber auch Freyheit im positiven Sinne: denn, da die gesetzgebende Form, die bloß von ihm selbst herrührt, als vermögend angenommen wird, ihn zu bewegen, so hat er ein Vermögen, seine Selbstthätigkeit nach Regeln zu bestimmen. — Eben so muß man auch sagen, daß ein ganz und absolut freyer

Wille

---

sey, ein Versprechen, das ich jetzt bereue, und das zu halten mir schwer fällt, nicht zu erfüllen ; so darf ich nur mich selbst fragen, ob ich wollen kann, daß alle sich es zum Gesetze machen, so ein Versprechen nicht zu halten, und es wird sich zeigen, daß ich das nicht wollen kann; weil es dann bald gar keine Versprechungen mehr geben würde, daß es also Unrecht, Böse sey, das Versprechen nicht zu halten. Krit. d. prakt. Vern. S. 54.

Wille nur die in der Maxime befindliche gesetzgebende
Form zum Bestimmungsgrunde haben kann. Denn
sobald der Bestimmungsgrund in irgend einer Materie, in einem Gegenstande des Wollens liegt, so
ist er von dem Naturgesetze der Erscheinungen ab-
hängig, und also nicht frey. Wenn der menschliche
Wille sowohl durch Maximen als Maximen bestimmt
werden kann, als auch durch die bloße gesetzgebende
Form, so hat er relative Freyheit.

§. Wir sind uns bewußt, daß die bloße gesetzgebende Form für unsern Willen ein Bestimmungsgrund sey, der alle sinnliche Antriebe überwiegen
kann, daß also das N. 6. angegebene Grundgesetz
existire; und dieses Bewußtseyn ist Factum der Vernunft. (Krit. d. prakt. Vern. S. 56.) weil man es
nicht aus vorhergehenden Factis der Vernunft her-
ausgrübeln kann, und selbst der Begriff von Freyheit erst daraus entsteht, daß die Vernunft dieses
Grundgesetz als einen durch sinnliche Bedingungen
nicht zu überwiegenden, ja davon gänzlich unabhängigen Bestimmungsgrund darstellt. *

9. Alle

*) Die reine Vernunft ist also für sich allein praktisch,
und giebt ein allgemeines Gesetz, welches wir das Sittengesetz nennen. Autonomie des Willens ist das alleinige Princip aller moralischen Gesetze, und der ihnen
gemäßen Pflichten; d. i. das Princip der Sittlichkeit besteht

9. Alle Heteronomie, d. i. aller Einfluß einer Materie auf die Willensbestimmung, als Bedingung der Möglichkeit derselben, gründet gar keine Verbindlichkeit, sondern ist vielmehr dem Princip derselben, und der Sittlichkeit des Willens entgegen, wenn gleich die Handlung gesetzmäßig seyn sollte. Denn wo Heteronomie ist, da ist Abhängigkeit vom Naturgesetze, irgend einem Antriebe oder einer Neigung zu folgen, und der Wille giebt sich nicht selbst das Gesetz, sondern nur die Vorschrift zur vernünftigen Befolgung pathologischer Gesetze.

10. Bey endlichen Wesen, deren Vernunft und Wille eingeschränkt ist, wird das praktische Gesetz ein Imperativ. Denn endliche Wesen haben Bedürfnisse, können also auch Maximen haben, welche dem Vernunftgesetz widerstreiten, und folglich einer Nöthigung, zwar durch bloße Vernunft, und derselben objektives Gesetz bedürfen. Ein Imperativ ist also eine Regel, die durch ein Sollen, welches die objektive Nöthigung der Handlung ausdrückt, bezeichnet wird, und bedeutet, daß, wenn die Vernunft den Willen gänzlich bestimmte, die Handlung unausbleib=

B

bleib=

steht allein in der Unabhängigkeit des Willens von aller Materie des Gesetzes, nämlich von einem begehrten Objekte, und in der Fähigkeit eben desselben durch die bloße allgemeine gesetzgebende Form bestimmt zu werden.

bleiblich nach dieser Regel geschehen würde. Wenn der Imperativ die Bedingungen der Caussalität des vernünftigen Wesens, als wirkender Ursache bloß in Ansehung der Wirkung und Zulänglichkeit zu derselben bestimmt, so ist er ein hypothetischer Imperativ, bestimmt er aber nur den Willen, er mag zur Wirkung hinreichend seyn, oder nicht, so ist er ein kategorischer Imperativ. Krit. b. prakt. Vern. S. 36, 37. Der hypothetische Imperativ ist praktische Vorschrift, aber kein Gesetz. Die Imperativen sind als objektiv geltend von den Maximen verschieden. — Die Nöthigung, welche der categorische Imperativ ausdrückt, heißt Verbindlichkeit, und die Handlung, die aus dieser Nöthigung folgt, heißt Pflicht. Krit. b. prakt. Vern. S. 143.

11. Wie ein Gesetz für sich und unmittelbar Bestimmungsgrund des Willens seyn könne, das ist ein für die menschliche Vernunft unauflösliches Problem und mit dem einerley, wie ein freyer Wille möglich sey. S. 128. Weil aber das Bewußtseyn des Gesetzes ein Factum der Vernunft ist, wodurch sie sich als ursprünglich gesetzgebend ankündigt S. 56, folglich das Grundgesetz nicht anders gedacht werden kann, als so, daß es eine Triebfeder des menschlichen Willens (Elater animi) schon enthalte, und man zum Behufe des moralischen Gesetzes kei-

ne

ne andere Triebfeder suchen darf S. 128, so braucht
man nicht a Priori anzuzeigen, aus welchem Grunde das moralische Gesetz in sich eine Triebfeder ab-
gebe, sondern nur das, was dasselbe, soferne es
eine solche ist, im Gemüthe wirke.

12. Die Wirkung des moralischen Gesetzes, als
Triebfeder ist zuerst bloß negativ, und besteht darin,
daß sie keiner sinnlichen Antriebe als mitwirkender
bedarf, ja dieselben abweiset; und als solche kann
sie a Priori erkannt werden. Denn die negative
Einwirkung auf sinnliche Antriebe, die auf Gefühl
gegründet sind, ist selbst Gefühl; folglich können
wir a Priori einsehen, daß das moralische Gesetz
als Bestimmungsgrund des Willens durch den Ab-
trag, den es den Neigungen thut, ein Gefühl bewirken müsse, welches Schmerz genannt werden kann.
Und hier haben wir den ersten, vielleicht auch einzigen Fall, wo wir aus Begriffen a Priori das Verhältniß eines Erkenntnisses zum Gefühl der Lust oder
Unlust bestimmen können, S. 128 und 129. Da
aber doch das moralische Gesetz an sich etwas positives
ist, nämlich die Form einer intellectuellen Caussalität, d. i. der Freyheit, so ist es, indem es die Neigungen schwächt und niederschlägt, ein Gegenstand
der Achtung, ja der größten Achtung, mithin auch
der Grund eines positiven Gefühls, das nicht em-

pirischen Ursprungs ist, und a Priori erkannt wird. Diese Achtung ist das einzige Gefühl, welches wir völlig a Priori erkennen, und dessen Nothwendigkeit wir einsehen können. S. 130.

13. Das sinnliche Gefühl, das allen unsern Neigungen zu Grunde liegt, ist zwar Bedingung derjenigen Empfindung, die wir Achtung nennen, und deßwegen kann dem höchsten, ja jedem von Sinnlichkeit freyen Wesen Achtung fürs Gesetz nicht beygelegt werden: aber die Ursache der Bestimmung desselben liegt in der reinen praktischen Vernunft; diese Empfindung kann daher, ihres Ursprungs wegen, nicht pathologisch, sondern muß praktisch gewirkt heißen. Man kann dieses Gefühl von ganz eigenthümlicher und sonderbarer Art das moralische Gefühl nennen, S. 134 und 135.

14. In dem unendlichen Wesen lassen sich keine Maximen denken, die nicht zugleich objektiv Gesetze seyn könnten. Ein solcher Wille heißt heilig, und schließt zwar nicht alle praktische, aber alle praktisch-einschränkende Gesetze, mithin Verbindlichkeit und Pflicht aus. Heiligkeit des Willens ist also endlichen Wesen nie ganz erreichbar: aber sie ist gleichwohl das Urbild, welchem alle endliche vernünftige Wesen sich in einem unendlichen Progressus nähern sollen.

len. Die Sicherheit von diesem in's Unendliche gehenden Progressus seiner Maximen und von der Unwandelbarkeit derselben zum beständigen Fortschreiten heißt Tugend, das höchste, was endliche praktische Vernunft bewirken kann. Die Tugend selbst ist, wenigstens als natürlich erworbenes Vermögen nie vollendet,. weil die Sicherheit in solchem Falle niemahls apodiktische Gewißheit wird, und als Uebereredung sehr gefährlich ist. Ich breche hier den Auszug ab, theils weil mir das Gesagte zu meinem Zwecke hinreichend scheint, theils weil mir die Umstände eine größere Weitschweifigkeit nicht erlauben.

II.

Bedenklichkeiten, Zweifel, Fragen über das kantische Grundgeseß der Sittlichkeit.

In der kantischen Darstellung des Grundes der Sittlichkeit, von der ich so eben einen gedrängten Auszug gegeben habe, ist mir einiges unbegreiflich, einiges unverständlich, und wieder etwas nicht genugsam erwiesen vorgekommen. Darüber mit dem großen Manne zu polemisiren habe ich keine Luft; und, wenn ich sie auch hätte, und dazu mehr Kraft, als ich mir bewußt bin, so erlaubte mir das der Ruhm nicht, den sich Hr. Kant beym gelehrten Publikum erworben hat, und noch weniger die Achtung, die

ich

rch insbesondere für seine Verdienste habe. Aber einige Zweifel, die mir bey wiederhohltem, bedachtsamen Durchlesen seiner Schriften aufgestoßen sind, und dann einige Fragen, deren Beantwortung meine Zweifel lösen könnte, darf ich doch wohl vortragen, ohne den Vorwurf befürchten zu müssen, daß ich nur durch den Nahmen eines berühmten Mannes auch mir einen Ruf verschaffen wolle.

Die Vernunftform besteht nach Kant in der Allgemeinheit; oder, wie er sich an einem andern Orte ausdrückt, die Art, nach welcher die Vernunft ihre Gegenstände (Verstandesbegriffe, Regeln) behandelt, besteht darin, daß sie in dieselben, indem sie noch mannigfaltig sind, Ordnung, System, und Einheit bringe. Die Gesetzesform besteht auch in der Allgemeinheit: denn die Maximen erhalten nach Kant dann Gesetzesform, wenn man sie als allgemeingeltend für alle vernünftige Wesen denken kann. Herr Kant wird also auch den Satz: Handle allzeit der Vernunft gemäß, als höchstes Sittengesetz anerkennen, wovon die drey von ihm aufgestellten Formeln nur weitere Expositionen sind. Er kann nicht entgegen seyn, wenn man sagt: Jede Handlung, welche der Vernunft gemäß ist, ist gesetzmäßig, und jede Handlung, welche man deßwegen zu Stande bringt, weil man sie als vernunftmäßig erkennt, ist gut.

Kant

Kant nennt auch immer das Sittengesetz ein Vernunftgesetz; und, wenn wir gut handeln wollen, müssen wir, seinen Vorschriften zufolge, aus Achtung für das Vernunftgesetz handeln. Die Vernunft gebietet aber gewiß alles, und nur das allein, was ihr gemäß ist; und, wenn wir deßwegen etwas thun, weil es der Vernunft gemäß ist, so thun wir es aus Achtung für das Gesetz der Vernunft. — So trägt ja aber Kant nichts Neues vor? Lehrt kein anders Princip der Moral, als das, welches schon vor ihm in allen Systemen ist gelehrt worden? — Kant sagt selbst in der Vorrede zur Krit. der prakt. Vernunft S. 14. Anmerk., daß er nicht einen neuen Grundsatz der Sittlichkeit, sondern nur eine neue Formel eingeführt habe. Es scheint mir das schon mit dem nicht ganz übereinzukommen, was in der Folge gegen die Grundsätze des Glückseligkeitssystems vorgebracht wird; und, wenn man etwas weiter geht, so findet man bald, daß er bloß die ganz reine, nicht wie andere, auch die empirische Vernunft als Grund der Sittlichkeit gelten läßt. Ist denn aber empirische Vernunft nicht mehr Vernunft? Ja! aber die empirische Vernunft giebt nur bedingte, folglich nicht absolut allgemeine und nothwendige Grundsätze. Diese, wenn sie, wie bey dem vernünftigsinnlichen Wesen Imperative werden sollen, können nur hypothetische, nicht kategorische Imperativen werden. — Ist

denn

denn aber, diese höchste unbedingte Allgemeinheit durchaus nöthig? Und kann sie nicht mehr erhalten werden, sobald man eine Materie, einen Stoff, einen
Zweck des Begehungsvermögens als Bestimmungsgrund voraussetzt? — Hiervon weiter unten. Hier nur
soviel. Die angewandte Moral kann unmöglich eine ganz
reine Wissenschaft seyn. Kant will also nur in dem Sinne eine reine Moral, wie wir eine reine Mathematik haben: so, daß man sich in dieser Moral
nicht um die Anwendung der Grundsätze auf die
Handlungen in verschiedenen Verhältnissen bekümmern
darf, wie man sich in der reinen Mathematik noch
nicht um die Anwendung der Sätze auf das Feld-
messen, auf die Maschinen rc. bekümmert? *

Das

*) Ganz gewiß kann eine auf Menschen angewandte Mo-
ral nicht ganz rein, muß wenigstens zum Theile empirisch seyn. Aber es ist auch ganz gewiß für das wis-
senschaftliche sehr vortheilhaft, zuerst eine, soviel möglich, reine Moral aufzustellen. Aber ist auch eine ganz
reine Moral möglich? Kant macht, um eine ganz reine Moral zu erhalten, den Willensbestimmungsgrund
unabhängig von allem Wohl und Wehe. Gesetzt, daß
das angehe, wovon bald hernach, muß ich nicht doch
noch einen bloß a posteriori vorstellbaren Gegenstand
haben, wenn ich mir eine vernünftige Willensbestimmung denken will? Die Vernunftkraft muß wirken, muß
ihre Handlungsweise, die Vernunftform realisiren; denn
die Realisirung der Vernunftform außer dem Subjekte
durch Handlung des Subjektes ist Gegenstand des Ver-
nunft-

Das Auffallendste in der kantischen Grundlegung
zur Metaphysik der Sitten, in deßselben Kritik der
praktischen Vernunft und in allen Schriften, deren
Verfasser die in den eben genannten kantischen Büchern
vorgetragene Grundsätze angenommen haben, ist wohl
das, daß es immer heißt: das Sittengesetz muß von
aller Erfahrung, von aller Neigung, von allem Wohl
und Wehe ganz unabhängig den Willen bestimmen.
Man kann sich kein Gesetz ohne Sanction denken,
das ist, sobald man ein Gesetz denkt, so denkt man
sich auch einen Grund, welcher einen Willen zum
Handeln oder Unterlassen bewegen kann. Dabey ist
man es so sehr gewohnt, Theils von den positiven
Gesetzen her, Theils von seinen eigenen und anderer

Men=

---

nunfttriebes, sagt Reinhold Theor. des Erkennt. S. 569.
Hierzu ist aber noch ein weiterer Gegenstand, ein Stoff
nothwendig, an welchem diese Realisirung vor sich gehe,
oder dessen objektive Form, die Vernunft, durch ihre sub=
jektive Form bestimme, und welcher Gegenstand die Ver=
nunftkraft zur Wirksamkeit reitzen muß. Dieser Stoff
muß aber doch wohl etwas Gegebenes seyn, und zwar
a posteriori, nicht a priori, wie die Vernunftform. Will
man nun die auf solche Art sich ergebende Willensbe=
stimmung nicht mehr als rein gelten lassen, so weiß ich
nicht, wie eine ganz reine Moral möglich ist. Will
man aber eine solche Willensbestimmung noch rein und
a priori nennen, deßwegen, weil die Vernunft ihre a
priori gegebene Form dem Objekt mittheilt, so kann man
eben das von der sogenannten, empirischpraktischen Ver=
nunft sagen.

Menschen Handlungen (wovon ganz gewiß die aller=
meisten durch ein Wohl oder Wehe bestimmt werden,
und also nach Kant zwar Legalität, aber nicht Mo=
ralität haben *), diesen Grund in irgend ein Wohl
oder Wehe, in irgend etwas Angenehmes oder Un=
angenehmes zu legen, daß es ganz befremdend kommt,
einen andern auf keine Neigung sich gründenden
Bestimmungsgrund des Willens angeben zu sehen.
Hierzu kommt noch, daß Kant nicht nur allen auf
eine Neigung sich beziehenden Bestimmungsgründen
des Willens die Fähigkeit abspricht, den Handlungen
Moralität zu verschaffen, sondern gar behauptet,
daß, wenn ein solcher Bestimmungsgrund neben dem
wahren moralischen wirksam ist, und auf die Hand=
lung Einfluß hat, dann die Handlung gerade um so=
viel weniger Moralität habe, um wie viel stärker die
Mitwirkung einer Neigung dabey gewesen ist: wor=
aus er dann schließet, daß es gefährlich sey, solche
Bestimmungsgründe nur als mitwirkend zuzulassen. **

Aber

---

*) Beyläufig bemerke ich hier, daß bey Kant die Ausdrü=
cke: die Handlung ist pflichtmäßig, gesetzmäßig, hat
Legalität, so viel heiße, als der alte Schulausdruck:
actio est materialiter bona, sed non formaliter. Was ehe=
dem *actio formaliter bona* war, das ist bey Kant eine
Handlung aus Pflicht, aus Achtung für das Gesetz.

**) Es scheint diese kantische Behauptung einige Aehn=
lichkeit zu haben mit jener bekannten Fenelonischen von
der reinen Liebe Gottes.

Aber Kant beruft sich auf das Bewußtseyn nicht bloß des durch Vernunftkritik gebildeten, sondern auch des gemeinen Menschenverstandes, woraus wir wissen, daß wir uns zu einer Handlung bestimmen können, welche einen, oder mehrere, was immer für sinnliche Antriebe gegen, und keinen einzigen sinnlichen Antrieb für sich hat; daß wir eine solche Handlung für recht, für gut, und für Pflicht halten, und daß wir für ein so handelndes Subjekt Achtung haben.

Sagt uns das aber auch unser Bewußtseyn unfehlbar? Vielleicht sagt es uns nur, daß wir gegen einen, oder mehrere, in lebhaftem Bewußtseyn uns vorschwebende sinnliche Bestimmungsgründe handeln können, aber vermöge anderer, ebenfalls sinnlicher Bestimmungsgründe, deren wir uns jetzt gar nicht, oder doch nicht so klar, deutlich und lebhaft bewußt sind? Der Mensch weiß ja oft die wahren, und die am meisten wirksamen Bestimmungsgründe nicht: und Vorstellungen, die auch nicht im Bewußtseyn sind, wirken auf das Willensvermögen, d. i., sie sind praktisch *.

Doch

*) Ich weiß wohl, daß Reinhold sagt: Vorstellungen ohne Bewußtseyn seyen gar keine Vorstellungen. Aber auf die Benennung kommt es nicht an. Wenn, indem ich in einer tiefen Betrachtung bin, neben mir gesprochen wird,

so

Doch das beyseits gelassen, und vorausgesetzt, wir haben aus dem Bewußtseyn Gewißheit, daß wir uns gegen, was immer für sinnliche Antriebe nicht nur durch andere ebenfalls sinnliche Antriebe, sondern ganz unabhängig von aller Neigung, ohne alle Vorstellung von Wohl oder Wehe, von etwas Angenehmen oder Unangenehmen bestimmen können, so muß doch allemahl ein Bestimmungsgrund da seyn, der erst die sinnlichen Antriebe zurückweiset, und dann den Willen zum Handeln oder Unterlassen beweget. Worin besteht denn nun dieser Bestimmungsgrund? läßt sich sonst gar nichts von ihm sagen, als daß er da seyn müße? Ist sein Daseyn ein bloßes Postulat? Ist es ein gegebenes Factum der reinen Vernunft?

Kant

---

so höre ich zwar die artikulirten Töne, aber ich weiß es nicht, daß ich sie höre, auch nicht, was gesprochen wird. Wenn ich dann aus meiner Betrachtung gleichsam erwache, kommt mir manchmahl noch etwas von dem in's Bewußtseyn, was ich ehevor gehört hatte — mit der Bestimmung, daß es nicht erst jetzt gesprochen wird; sondern daß ich es schon ehevor gehört habe. Will man das Gehörte vor dem Bewußtseyn nicht als vorgestellt gelten lassen, so habe ich nichts entgegen, wenn man nur zuläßt, daß es in mir wirksam seyn könne. Und dann hat ja das Bewußtseyn Grade, und die Wirkung auf das Willensvermögen erfolgt nicht, wenigstens nicht allein, nach dem Verhältnisse des Bewußtseyns. S. hiervon mehr in der phil. Biblioth. III. B. S. 165.

Kant sagt, daß moralische Gesetz sey ein gegebenes Factum der reinen Vernunft, und zwar das
einzige. Da sich kein Gesetz ohne Bestimmungsgrund
denken läßt, so muß dann auch der von aller Neigung unabhängige Bestimmungsgrund als gegeben angesehen werden. — Kant sagt weiter; wenn man
aus Pflicht handelt, oder unterläßt, so geschehe es
aus bloßer Achtung für das Gesetz. Diese Achtung
für das Gesetz wäre also der Bestimmungsgrund,
der *Elater animi*. Ist denn aber diese Achtung nicht
angenehm oder unangenehm? Mit einem Wohl oder
Wehe verbunden? Kant selbst nennt sie ein Gefühl.
Man hat sonst gesagt, das Gesetz hat zwey Theile,
die Regel, welche bestimmt, was gethan, oder unterlassen werden soll, und die Sanction, welche den
Willen bewegen soll, nach der Regel zu handeln,
oder zu unterlassen. Wenn ich hier die kantischen
Ideen recht gefaßt habe, so ist beym Sittengesetz
die Regel zugleich Sanction, oder das bloße Erkennen und Bewußtseyn der Regel ist Bestimmungsgrund
für den Willen. Wie aber das möglich sey, wie
ein Gesetz, bloß als Vorschrift, für sich und unmittelbar Bestimmungsgrund des Willens seyn könne,
sagt Kant, das ist ein für die menschliche Vernunft
unauflösliches Problem, und mit dem einerley — wie
ein freyer Wille möglich sey. Sollte hier wohl die
Gränze alles menschlichen Wissens seyn? Sollte dieses

ſes Wie, das jede Vernunft aufwirft, durch ſie gar nicht beantwortlich ſeyn? Doch wir wollen zuerſt das betrachten, was ſich nach Kant a Priori anzeigen läßt von den Wirkungen des moraliſchen Geſetzes, als einer Triebfeder im Gemüthe, und dann einen Verſuch machen, auch auf dieſes Wie noch etwas zu antworten.

Das Weſentliche aller Beſtimmung des Willens durch das ſittliche Geſetz iſt: daß er, als freyer Wille, mithin nicht bloß ohne Mitwirkung ſinnlicher Antriebe, ſondern ſelbſt mit Abweiſung aller derſelben, und mit Abbruch aller Neigungen, ſoferne ſie jenem Geſetze zuwider ſeyn können, bloß durchs Geſetz beſtimmt werde Krit. der prakt. Vern. S. 128. Dieſe negative Wirkung des moraliſchen Geſetzes, nämlich die Abweiſung der Neigungen, iſt ein Gefühl, das Schmerz genannt werden kann, (denn daß die Neigungen abgewieſen werden, iſt uns angenehm) und hier hätten wir alſo den, vielleicht einzigen Fall, da wir aus Begriffen a Priori das Verhältniß eines Erkenntniſſes zum Gefühl der Luſt oder Unluſt beſtimmen können, daſ. S. 129. Da aber das moraliſche Geſetz auch etwas an ſich Poſitives iſt, nämlich die Form einer intellectuelen Cauſſalität, der Freyheit, (da es nicht bloß die Neigungen abweiſen, ſondern dann auch den Wil-

len

len wirklich bestimmen muß) so ist es auch ein Gegenstand der Achtung, folglich der Grund eines positiven Gefühls, das nicht empirischen Ursprungs ist,
und a Priori erkannt wird, daſ. S. 130.

Wenn ich hier recht verstehe, so existiren diese
beyden Gefühle, Achtung und Schmerz, doch in der
Sinnlichkeit, und sie werden durch sinnliche Werkzeuge
empfunden; nur ursprünglich sind sie nicht sinnlich, und
der Anfang der Caussalität, durch welche sie ihr
Daseyn erhalten haben, ist in der ganzen Sinnlichkeit nicht zu finden, sondern außer derselben, aber
doch in dem Menschen anzutreffen; weßwegen auch
der Mensch ein mit Freyheit begabtes Wesen, und
das Sittengesetz ein Gesetz der Freyheit genannt wird.
Wie eine nicht sinnliche Caussalität, eine nicht sinnliche Kraft, auf Sinnlichkeit wirke, das freylich ist für
uns noch immer ein unauflösbares Problem, und,
wenn Kants obenangeführte Worte nur das sagen
wollen, so bin ich ganz mit ihm einverstanden. Also
wäre dann der Elater animi an sich doch etwas
Sinnliches, ein Wehe und ein Wohl, und das kantische System ist nicht sogar sehr befremdend, als
es beym ersten Anblick scheint. Man hat bis auf
Kant vernünftige Neigungen und sinnliche Neigungen und Triebe angenommen, und von einander un-
terschieden. Wenn man nun die zwey ausgeführten

Ge-

Gefühle a Priori, vernünftige Neigungen nennt, daß
sie auch dem Ursprung nach sind, so weiset der
Mensch mittelst des Sittengesetzes die sinnlichen Neigungen durch die vernünftigen zurück, und bestimmt
sich nach diesen, und die kantische Philosophie er-
scheint von der bis auf ihn gewöhnlichen, die Terminologie abgerechnet, wieder um einen Schritt weniger entfernt.

Achtung für das Gesetz! Ist doch wohl ein
figürlicher Ausdruck, so sehr er auch gewöhnlich ist,
und vielleicht eben deßwegen als eigentlicher Ausdruck
angesehen wird. Kant selbst sagt S. 135.: „Achtung geht jederzeit nur auf Personen, niemahls auf
Sachen.“ Also ist Achtung für das Gesetz eigentlich Achtung für das gesetzgebende Subjekt, für mein
Ich, Selbstachtung. Sie entsteht aus dem Bewußtseyn der in mir wohnenden, jetzt sich äußernden Kraft
der Vernunft den Willen zu bewegen. Sie ist ein
angenehmes Gefühl, ein Theil der Selbstliebe. Und
so wären die kantischen und die sogenannten Popu-
larphilosophen * einander schon wieder um einen Schritt
näher.

*) Man fängt an, kantische Philosophie und Popularphi-
losophie einander entgegen zu setzen, und das Wort
Popularphilosophie als einen Schimpfnahmen zu brauchen.
Das sollte man nicht thun. Jede Philosophie, sie mag
nach den Grundsätzen eines Locke, eines Leibniz, oder eines

näher. Daß Achtung, auch wenn wir sie gegen andere moralische Wesen fühlen, sobald sie uns das Vernunftgesetz in einer moralisch guten Handlung durch ein Beyspiel anschaulich machen, ein unangenehmes Gefühl sey, wie Kant S. 136 und 137. behauptet, sehe ich nicht ein. Wir finden das Prototypon in uns selbst; werden uns bewußt, daß wir eben dieselbe Kraft haben; die Handlungsart ist vernunftmäßig, sie ist der Vernunftform angemessen, und kann nicht anders, als ein angenehmes Gefühl erwecken, so gut, wie Wahrheit, das Produkt der speculativen Vernunft, uns angenehm ist, nicht nur wenn wir sie selbst gefunden, und gleichsam hervorgebracht haben, sondern auch wenn sie uns von andern gegeben, und mitgetheilt wird. Kants erste Formel für das Vernunftgesetz heißt: Handle nach solchen Maximen, von denen du wünschen kannst, daß alle vernünftige Wesen sie als Gesetze gelten lassen. Wie kann ich denn wünschen, daß überall solche Handlungen entstehen, die mir unangenehme

C   Ge-

---

nes Kant behandelt werden, leidet kritische und auch populäre Methode. Man hat kritisch die Philosophie bearbeitet, ehe Kants Kritiken erschienen sind, und auch jetzt thun es manche Nichtkantianer. Wenn mehr Populärphilosophisches als Kritischphilosophisches gedruckt wird, so muß man denken, daß es auch weit mehr populäre als kritische Leser giebt, und noch lange geben wird. uebrigens sind wir Herrn Kant großen Dank schuldig, daß er die Kritik gew..tt hat.

Gefühle verurſachen? Daß ſich zur Achtung gegen
andere unangenehme Gefühle, z. B. des Neides,
der Mißgunſt ꝛc. geſellen, iſt leicht begreiflich, aber
Achtung an ſich ſcheint doch immer ein angenehmes
Gefühl zu bleiben. Damit bin ich ganz einverſtan-
den, daß wir, eigentlich zu reden, Achtung nur für
moraliſche Weſen, und nur der Sittlichkeit wegen haben. Andere Vollkommenheiten können Liebe, Furcht,
Bewunderung erregen: aber das Gefühl, das wir Achtung nennen, entſteht nur durch das moraliſche Geſetz.

Eben das ergiebt ſich, meines Erachtens noch
einleuchtender, wenn man die Vernunft als eine
überſinnliche Kraft betrachtet, und aus dem Begriffe
Kraft herauszieht, was darin liegt. Man kann ſich
nicht eine Kraft denken, ohne zugleich einen Zweck
zu denken, der durch die Wirkung der Kraft erreicht
werden ſoll, alſo auch ein Objekt der Kraft, das
durch ſie hervorgebracht, oder in welchem durch
ſie eine Veränderung bewirket werden ſoll. Jedes
Weſen, das eine Kraft hat, und es giebt kein
Weſen ohne Kraft, hat ein Bedürfniß zu wirken. Wenn nun z. B. die überſinnliche Kraft ſich
äußert, wenn das Bedürfniß derſelben befriediget,
und der Zweck erreicht wird, ſo muß das Weſen,
dem die Kraft angehört, wenn es zugleich Empfindungskraft hat, eine angenehme Empfindung erhalten:

ten: denn die wirkende übersinnliche Kraft muß mit
der Empfindungskraft, da sie beyde Einem und demselben Wesen angehören, irgendwo zusammenhängen,
auf irgend einer Seite mit ihr verbunden seyn.
Wenn die Vernunft das zu thun befiehlt, was gerade auch ein sinnlicher Antrieb begehren macht, so
entstehen zwey angenehme sinnliche Gefühle in zwey
verschiedenen Theilen der Sinnlichkeit; weil zugleich
zwey Zwecke erreicht, zwey Bedürfnisse befriedigt
werden. Die erste haben wir mit Kant Achtung ge-
nennt; die zweyte könnte etwa Behaglichkeit heißen.
Beyde sind an sich sinnlich; aber jene ist übersinnlichen Ursprungs, und soferne von der ganzen Sinnenwelt unabhängig; diese ist in allem Betrachte sinnlich. Wenn die Vernunft etwas verbietet, wozu ein
sinnlicher Antrieb da ist, so ist zugleich ein angenehmes und ein unangenehmes Gefühl in der Sinnlichkeit; jenes übersinnlichen Ursprungs, weil die
Vernunftkraft ihren Zweck erreicht, ihr Bedürfniß
befriediget, oder doch es zu können sich bewußt ist;
dieses ganz sinnlich, weil eine sinnliche Kraft ihren
Zweck nicht erreichen, ihr Bedürfniß nicht befriedigen kann, oder doch nur unter der Bedingung ihren Zweck erreichen, und ihr Bedürfniß befriedigen
kann, daß eine andere Kraft, die Vernunft, zurück-
stehe.

C 2   Das

Das überfinnliche Sittengefeß, das Gefeß der
Vernunft, der Freyheit, beftimmt alfo nicht unmit=
telbar den Willen; fondern mittelft des finnlichen
Gefühls der Achtung. Man kann nicht fagen, daß
diefe Achtung erft aus der Willensbeftimmung ent=
ftehe, alfo nicht nächfter Grund, fondern nächfte
Folge der Willensbeftimmung fey. Sie entfteht fchon,
oder wird wenigftens vorhergefehen aus dem bloßen
Bewußtfeyn einer von aller Sinnlichkeit unabhängi=
gen Kraft; fie liegt fchon in der Richtung der Ver=
nunft als Kraft auf ihren Gegenftand als ihren
Zweck. Sobald mannigfaltige Begriffe der Vernunft
als Stoff gegeben find, fo entfteht das Bedürfniß
ihre Form zu realifiren. Dieß ift ein unangeneh=
mes Gefühl, von dem fie fich durch wirkliche Rea=
lifirung losmacht.

Wenn aber der Beftimmungsgrund an fich felbft
finnlich, nur überfinnlichen Urfprungs ift, wie be=
ftimmen dann reinvernünftige Wefen fich zum Han=
deln? — Ich glaube: in einem reinvernünftigen Wef=
fen muß doch bey feiner fich äußernden Kraft, bey
Befriedigung des Bedürfniffes, bey Erreichun: des
Zweckes; etwas unfern finnlich=angenehmen Empfin=
dungen Aehnliches, oder Analoges entftehen; das man
überfinnliche Annehmlichkeit nennen mag; und das
kann als Elater animi, als Beftimmungsgrund
des

des Willens angesehen werden. Auch im sinnlich-
vernünftigen Wesen entsteht vielleicht durch die Wirkung der reinen Vernunft zuerst eine solche übersinnliche Annehmlichkeit, welche sich dann der Sinnlichkeit mittheilt, oder in der Sinnlichkeit eine cor-
respondirende angenehme Empfindung hervorbringt,
die wir in der innern Erfahrung von der produci-
renden übersinnlichen nicht genugsam unterscheiden.

Kurz! Da Vernunft als eine Kraft gedacht
werden muß; Kraft sich nicht denken läßt ohne eine
bestimmte Richtung, ohne Gegenstand, ohne Zweck,
ohne Bedürfniß. Da weiters bey Erreichung des
Zweckes, bey Befriedigung des Bedürfnisses in einem
empfindsamen Wesen eine angenehme Empfindung,
und in einem reinvernünftigen Wesen eine übersinnliche Annehmlichkeit, in einem sinnlich-vernünftigen
Wesen beyde entstehen — so ist es nicht nothwendig
den Willensbestimmungsgrund ohne alle Annehmlichkeit zu denken (welches dem gemeinen Sinn so wi-
dernatürlich vorkommt); und er kann deßwegen doch
von aller Sinnlichkeit unabhängig gedacht werden.
Ich glaube nicht, daß ich in diesem Punkte Kan-
ten zum Gegner habe.

Ich komme nun zum zweyten Punkte, durch
welchen Kant noch mehr, als durch den vorigen von
der

der gewöhnlichen Moralphilosophie abzuweichen scheint — nämlich zu der Frage: ob bey einer Handlung aus Pflicht schlechterdings bloß die erwähnte überfinnliche Annehmlichkeit und auch allenfalls die aus ihr entspringende sinnliche angenehme Empfindung als Triebfeder wirken dürfen, und alle ganz sinnliche Antriebe so zurückgewiesen werden müssen, daß sie auf die Willensbestimmung gar keinen Einfluß mehr haben, oder daß doch, so ferne sie noch neben der überfinnlichen Triebfeder etwas wirken, die Handlung so viel an der Sittlichkeit verliere, als ihre Mitwirkung beträgt? Kant scheint dieses zu behaupten: die andern aber sind der Meinung, daß die Handlungen doch Sittlichkeit haben, wenn schon sinnliche Antriebe als Willensbestimmungsgründe da sind, wenn nur die sinnlichen Antriebe durch die Vernunft geleitet, wären. Sind nun diese beyden Behauptungen einander gerade entgegengesetzt? Schließt eine die andere nothwendig aus? Liegt irgendwo ein Mißverstand? Und läuft etwa der ganze Streit zuletzt auf einen Streit über eine Benennung hinaus? Wir wollen sehen!

Darin kommen beyde Partheyen überein, daß der Mensch zu einer und eben derselben Handlung durch mehr als eine Triebfeder gezogen werde. Alle diejenigen Handlungen haben gar keine Sittlichkeit,

und

und auch keine Freyheit, bey welchen die Vernunft nicht thätig seyn kann, und zu welchen wir uns, durch sinnliche Antriebe hingerissen, früher bestimmen, als die Vernunft sie beurtheilen kann. Auch hierinfalls kommen beyde Partheyen überein. Solche Handlungen sind weder aus Pflicht, weder gegen die Pflicht: denn es war kein Sittengesetz da, und konnte keins daseyn. Sie hießen in der alten Schulsprache *motus primoprimi.* Wenn das Sittengesetz allein Bestimmungsgrund ist bey reinvernünftigen Wesen, so hat die Handlung Moralität, aber sie ist nicht aus Pflicht und Verbindlichkeit *: denn da ist zwar ein praktisches Gesetz, aber kein praktisch einschränkendes, folglich keine Nöthigung — weil bey einem reinvernünftigen Wesen keine andere Triebfeder, welche müßte zurückgewiesen werden, sich denken läßt. Auch hierüber wird nicht leicht Jemand streiten wollen. Wenn bey einem sinnlichvernünftigen We=

fen

---

*) Kant sagt zwar das nur vom unendlichen Wesen: ja er sagt irgendwo ausdrücklich, daß endliche reinvernünftige Wesen pflichtfähig sind, weil sie Bedürfnisse haben. Allein da ich mir bey einem auch nur endlichen vernünftigen Wesen kein anders Bedürfniß denken kann, als das der Vernunftthätigkeit, weil es keine andere als Vernunftkraft hat; so kann ich mir auch keine Triebfedern denken, die durch das Vernunftgesetz müßten zurückgewiesen werden, und also auch keine Nöthigung, und im kantischen Sinne keine Pflicht, keine Verbindlichkeit.

sen die vernünftige und die sinnlichen Triebfedern zugleich antreiben, so treiben entweder alle zu eben derselben Handlung oder Unterlassung an, oder es steht
die vernünftige auf einer Seite, und alle sinnliche
auf der andern — oder es steht die vernünftige und
eine oder mehrere sinnliche auf einer Seite, und andere sinnliche auf der andern Seite. Wenn die sitt-
liche Triebfeder allein auf einer Seite ist, und alle
sinnliche auf der andern, so behält entweder jene das
Uebergewicht, und wird Bestimmungsgrund, oder
diese. Im ersten Falle ist die Handlung aus Pflicht,
aus Verbindlichkeit, sie ist moralisch gut. Im zweyten ist sie der Pflicht und Verbindlichkeit entgegen,
sie ist moralisch bös. Auch hierinfalls sind, glaube
ich, beyde Partheyen einstimmig. Wenn die vernünftige Triebfeder nebst einer oder mehrern sinnlichen
zur Handlung antreiben, andere sinnliche aber entgegen stehen, so ist entweder die vernünftige Triebfeder allein, ohne die auf ihrer Seite stehenden sinnlichen, stark genug, die entgegenstehenden zu überwiegen; oder sie ist es nicht allein, wohl aber mit
den auf ihrer Seite stehenden sinnlichen; oder sie ist
es auch so nicht. Im ersten Falle würde die Handlung erfolgen, wenn auch die neben der vernünftigen Triebfeder stehenden sinnlichen von der Mitwirkung ausgeschlossen würden, und die Handlung würde ganz reinmoralisch gut seyn. Aber schließt die

Ver-

Vernunft wirklich die Wirksamkeit der sinnlichen Triebfedern, die zu dem antreiben, was sie selbst befiehlt,
aus? Ist eine solche Ausschließung der Vernunft gemäß, nicht vielmehr ihr entgegen? Und, wenn sie
wollte, wenn sie sollte, kann sie auch eine solche
Ausschließung zu Stande bringen? Und, wenn die
Ausschließung nicht geschieht, ist dann die Handlung
nicht mehr reinsittlich? Wenn man die Sache sinnlich vorstellen darf, so scheint es zu seyn, wie bey
einer Waage. Wenn ich in eine Schaale 3 Loth
lege, und in die andere 5, so sind zwar 4 Loth genug, die eine Schaale sinken, und die andere stei-
gen zu machen, aber das 5te Loth wirkt deßwegen
doch, und macht, daß die eine Schaale tiefer sinkt,
und die andere höher steigt. Alle Kräfte sind immer
wirksam, wenn ein Objekt da ist, auf welches ihre
natürliche Tendenz geht. Auch die auf der andern
Seite stehenden sinnlichen Triebfedern sind wirksam,
sonst wäre keine Nöthigung erforderlich; eben so,
wie die 3 Loth nicht aufhören, ihre Schwerekraft zu
äußern, wenn sie schon durch 5 Loth auf der andern
Seite in die Höhe getrieben werden. Warum sollen
denn die neben der vernünftigen Triebfeder stehenden
sinnlichen abgewiesen werden können? Und wie könnten sie es anders, als durch ein Gegengewicht? Und
wo ist dieses Gegengewicht? Lehrt uns nicht die Erfahrung, daß wir in diesem Falle die Handlung nur

leb-

lebhafter wollen, und eifriger verrichten? Man wird
sagen, daß dieser Eifer, diese Lebhaftigkeit bloß sinnlich sey, und also die Sittlichkeit nicht vermehre. Erhalten denn aber die sinnlichen Triebfedern nicht übersinnliche Würde, sobald sie die Vernunft neben sich
haben, und bleibt also nicht dem ungeachtet die Sittlichkeit rein? Entsteht nicht ein höherer Grad von
Achtung durch das Bewußtseyn, daß die sinnlichen
Kräften mit der Vernunft harmoniren, daß die Vernunft dieselben nicht nur überwunden, und bezwun-
gen, sondern auf ihre Seite gebracht hat? Das
Harmonische gefällt uns sonst überall. Wir lieben
das leicht Bewirkte in den Kunstsachen, und das Ge-
zwungene mißfällt uns. Sollte es beym Moralischen
nicht eben so seyn? Sollte es nicht mehr Selbstzu-
friedenheit; einen höhern Grad der Selbstachtung bewirken, wenn es mit geringerer Nöthigung zu Stande gebracht wird? Sollte die Achtung für unser Ich
nicht größer seyn bey dem Bewußtseyn, daß mehrere
sinnliche Kräfte, mit welchen unsere Vernunftkraft verbunden ist, mit dieser harmoniren? Wie näher wir
der Heiligkeit kommen, desto leichter wird uns das
Moralischgute, ja es wird sogar Bedürfniß nicht
bloß für die Verstandeskraft, sondern auch für die
sinnlichen Kräfte (im kantischen Sinne, wenigstens
soferne es gesetzmäßig ist) und das doch nicht bloß
dadurch, daß die sinnlichen Kräfte an sich und un-

mit-

mittelbar schwächer — und die Geisteskraft stärker wird,
sondern vorzüglich dadurch, daß die sinnlichen Kräfte
immer mehr auf die Seite der Vernunft hinübertre-
ten, und nur unter ihrer Leitung mehr zu wirken Bedürfniß haben.   Gewiß ist die Achtung gegen uns
selbst, und gegen andere Menschen um so viel größer,
je näher wir der Heiligkeit gekommen sind; es muß
also auch die Sittlichkeit der Handlungen immer größer
werden.   Es scheint aber das vorzüglich dadurch
bewirkt zu werden, daß die sinnlichen Triebe neben der
Vernunft zu eben derselben Handlung antreiben. Dieses
Mitwirken kann also die Sittlichkeit in dem gesetzten
Falle nicht vermindern.   Aus eben der Ursache kann
es auch nicht gefährlich seyn, neben der vernünftigen
auch sinnliche Triebfedern zu gebrauchen, denn warum
sollte es gefährlich seyn, wenn durch eine solche Mitwirkung die Sittlichkeit der Handlung nicht vermindert wird? Etwa deßwegen, weil eine Gewohnheit
entstehen könnte nach sinnlichen Triebfedern zu handeln? Es kann aber hieraus keine Gewohnheit entstehen bloß nach sinnlichen Triebfedern ohne das Gutheißen, oder gar mit Abweisung der vernünftigen zu
handeln; und eine Gewohnheit nach sinnlichen Triebfedern in Uebereinstimmung mit der vernünftigen zu
handeln schadet nicht.

Wenn

Wenn die vernünftige Triebfeder allein nicht, wohl aber sammt den auf ihrer Seite stehenden sinnlichen es vermag die entgegenstehenden abzuweisen, und die Handlung zu bewirken, so würde Kant einer solchen Handlung einige Grade von Sittlichkeit zugestehen; weil sie doch zum Theile durch eine Caussalität ist bewirket worden, deren Anfang nicht in der Sinnenwelt zu finden ist, und weil sie ohne diese Caussalität gar nicht wäre zu Stande gekommen. — Im dritten Falle, wo die vernünftige Triebfeder sammt einigen auf ihrer Seite stehenden sinnlichen nicht Kraft genug hat, die entgegenstehenden zurückzuweisen, sondern vielmehr sie selbst sammt den neben ihr wirkenden sinnlichen Triebfedern zurückgewiesen wird, ist die Handlung gegen das Gesetz. Es ist zwar auch hier Bewußtseyn, daß unsere eigenen Kräften wirken, daß sowohl die abweisenden, als die abgewiesenen uns angehören; aber es ist zugleich deutliches Bewußtseyn, oder doch klares oder deutliches Gefühl da, daß eine Kraft der andern Eintracht thue, und hinderlich sey, daß die Kräften nicht im gehörigen Verhältniße stehen und wirken, daß unter den Kräften keine Einheit, kein System, keine Ordnung herrsche, und daß man gerade durch diese Handlung sich wieder um einen Schritt mehr davon entfernt habe. Es kann also jene Selbstachtung nicht entstehen, die bey dem Siege des Vernunfttriebes ent-

entsteht aus dem Bewußtseyn einer Annäherung zur
Einheit und Ordnung der Kräfte.

Was den dritten Fall betrifft, werden die Verfechter des Glückseligkeitssystems ganz mit der kantischen Entscheidung einstimmig seyn: und was den
ersten und zweyten betrifft, nur darin abweichen,
daß sie keine Verringerung der Sittlichkeit gelten
laſſen, wenn die neben der Vernunfttriebfeder wirkenden sinnlichen selbst von der Vernunft gutgeheißen
sind. Die Entfernung der beyden Partheyen von einander und die Abweichung der Syſteme iſt alſo in
der Anwendung nicht groß.

Wem die bisher angeführten Bemerkungen ein-
leuchten, und richtig scheinen, den kann es nun nicht
mehr befremden, daß Kant behauptet: unſer Wille
ſey durch die bloße gesetzgebende Form bestimmbar.
Denn die gesetzgebende Form besteht nach Kant in
der Allgemeinheit; und diese Allgemeinheit iſt Zweck
der Vernunftkraft; sie empfangt selbe nicht aus der
Sinnenwelt; sondern trägt sie in dieselbe hinein, indem ſie Einheit in die Erfahrungsbegriffe und in die
sinnlichen Triebfedern bringt. Da nun die Vernunft
ihr Bedürfniß befriediget, indem ſie Syſtem, Ordnung und Einheit in die Triebe bringt, ſo muß
duch, ſo oft das geſchieht, etwas überſinnlich Ange-

nehmes

nehmes entstehen, das als solches unmittelbar, oder dadurch, daß es auch in der Sinnlichkeit eine angenehme Empfindung hervorbringt, den Willen bestimmen kann — und so wäre dann auch die Frage: Wie das Sittengesetz den Willen bestimme? einiger Maßen beantwortet.

Der Raum dieser Blätter, wie auch Zeit und andere Umstände erlauben mir nicht, noch mehr Bemerkungen über das kantische System herzusetzen. Auch glaube ich, daß das bereits gesagte zum leichtern Begreifen des Folgenden und überhaupt zu meinem Zwecke hinlänglich sey.

III.
Vorstellung des Glückseligkeitssystems.

Ich weiß wohl, daß die Vertheidiger dieses Systems verschieden von einander abgehen. Diese Verschiedenheiten alle oder auch nur die beträchtlichsten kann und soll ich hier nicht anführen; ich darf sie vielmehr als genugsam bekannt voraussetzen. Es wird genug seyn, dieses System, so, wie ich es mir jetzt denke, nachdem ich die kantischen Schriften hierüber durchstudirt habe, vorzulegen, und mit dem kantischen zu vergleichen.

1. Unser

1. Unser höheres übersinnliches Erkenntnißver-
vermögen ist eine Kraft, und hat als solche Bedürfniß und Zweck. Es ist ein Vermögen das Mannigfaltige unter Einheit zu bringen. Es ist also ein
Trieb in uns, überall, wo Mannigfaltiges ist, System, Ordnung und Einheit hineinzubringen. Der
Trieb zum Schönen, und der Trieb zum Wissen oder
nach Wissenschaft können das bestärken und erläutern.

2. Neben den ebengenannten übersinnlichen Trieben sind auch noch mehrere sinnliche in uns. Es ist
Bedürfniß für unsere höhere Erkenntnißkraft, auch
unter alle diese Triebe System, Ordnung und Einigkeit zu bringen, das ist, alle diese zu einer Person
gehörigen verschiedenen Kräfte, oder verschiedene Anwendungen eben derselben Kraft so zu leiten und einzuschränken, daß nicht eine in die Gränzen der andern
hinübergreife, eine der andern Thätigkeit hindere,
sondern alle so wirken, daß im Ganzen die größt-
mögliche, in - pro - und extensive Thätigkeit aller
Kräfte eben desselben Subjekts entstehe. Den Trieb
dieses Bedürfniß, nämlich Einheit in alle Triebe
zu bringen, zu befriedigen, nenne ich den moralischen
Trieb. Man könnte ihn Trieb der praktischen Vernunft nennen, so, wie man den Trieb zum Schönen Trieb der reinen Urtheilskraft, und den Trieb zum
Wissen Trieb der speculativen Vernunft heißen dürfte.

3. Unser

3. Unser höheres Erkenntnißvermögen hat nicht
nur ein Bedürfniß in alle unsere Kräfte Harmonie
und Einheit zu bringen, sondern auch; indem wir
das Aggregat dieser Kräfte wieder als den Theil eines größern Ganzen, der Menschheit betrachten, die
Kräften seines Individuums mit den Kräften anderer Individuen des großen Ganzen in Uebereinstimmung zu bringen, das ist, die unter seiner Leitung
stehenden Kräften nur so wirken zu lassen, daß dadurch die Thätigkeit der Kräfte im großen Ganzen
mehr befördert, als gehindert werde:

4. Das Grundgesetz aller Sittenregeln heißt
also: Handle allemahl so, daß durch deine Handlung die Thätigkeit der Kräften im Ganzen mehr
befördert , als gehindert werde. Der Bestimmungsgrund des Willens ist hierbey die Einheit und
Uebereinstimmung der wirkenden Kräfte, und kann
nach kantischer Art rein und a Priori heißen. Denn,
wenn schon die Kräften größten Theils sinnliche Kräften sind, so sind sie doch in der Sinnlichkeit nur
einzeln, und mannigfältig; die Einheit trägt erst das
höhere Erkenntnißvermögen in sie hinein. Sie kann
aber den Willen bestimmen; weil sie Bedürfniß der
Vernunft ist, und also Treibkraft haben muß: denn
bey Befriedigung eines Bedürfnisses bleibt ein empfin-
dendes Wesen nicht gleichgültig, sondern die Befriedi-

gung

gung muß ihm angenehm seyn, wie ihm jedes unbe-
friedigte Bedürfniß unangenehm ist.

5. Der Trieb der praktischen Vernunft beherrschet also alle andere Triebe, selbst die geistigen.
Man kann und muß ihn als den Regenten, alle andere als Untergebene betrachten. Aber er beherrschet
seine Untergebenen nicht despotisch. Er schränkt keiner einzigen Kraft Thätigkeit zu seinem Privatvor-
theil ein. Er hat vielmehr gar keinen Privatvor-
theil. Sein Vortheil ist der Vortheil jeder einzelnen Kraft, und der aus der Harmonie aller Kräfte
resultirende Vortheil des Ganzen. So lange jede
Kraft so wirkt, daß dadurch weder ihre eigene Wirksamkeit für die Zukunft, noch die Wirksamkeit einer
andern höhern Kraft gehindert wird, hemmt er nicht
nur die Freyheit * der untergebenen Kraft nicht durch
ein verbietendes Gesetz, sondern er giebt sogar seinen
Beyfall, und verstärkt durch seine eigene Treibkraft die
Triebfeder der untergebenen Kraft. Jede untergebene Kraft wirkt zur Erreichung ihres Zweckes so lan-

D   ge

---

*) Freyheit heißt hier Abwesenheit der Hindernisse. In die-
sem Sinne kann einer jeden auch sinnlichen Kraft Freyheit zukommen. In einem ähnlichen Sinne braucht man
das Entgegengesetzte, wenn man sagt: Der Mensch ist
ein Sklave seiner Leidenschaften — und in diesem Sinne
kann Freyheit auch der praktischen Vernunft fehlen.

ge und so viel als sie kann, ohne Rücksicht auf andere Kräfte, bis Eine oder mehrere dieser andern
Kräfte, wenn sie zu stark in ihr Gebieth eingreift,
sich ihr entgegensetzen, oder die so stark wirkende
Kraft selbst, indem sie endlich ist, ermüdet. Z. B.
, die Kräften des Geschmacks verlangen so lange nach
dem Schmackhaften der Speisen und der Getränke,
bis sie ermattet, oder bis der überladene Magen
und die Verdauungskräfte auf sie zurückwirken.
Sinnliche Triebe können also andere sinnliche Triebe
abweisen, oder unterstützen: aber dadurch wird eine
Handlung nicht moralisch; weil dabey nur einige,
nicht alle Kräften des Individuums in Harmonie
erhalten, oder gebracht werden. Aus eben der Ursache ist die Handlung nicht moralisch, wenn auch
der Trieb der speculativen Vernunft einige andere
Triebfedern abweiset, oder wenn einige Triebe ihm
gemäß und mit ihm wirken. Nur der Trieb der
praktischen Vernunft, der Mittelpunkt der Einheit,
und der Probierstein aller andern Triebfedern theilt
den Handlungen Moralität mit. Er allein kann jeden andern einzeln, oder auch alle zusammen abweisen, und gegen sie wirken, oder sie gutheißen, und
mit ihnen zugleich antreiben. Nur durch das Wirken der praktischen Vernunft entsteht Bewußtseyn einer Kraft, durch welche ich auf alle andere zu meinem Ich gehörenden Kräfte, ja noch weiter wirken,

und

und Harmonie, System und Einigkeit in das Mannigfaltige der Kräften und Triebfedern bringen kann. Durch das Bewußtseyn dieser Kraft allein entsteht Achtung für dieselbe, oder, wenn man will, für ihre Richtung, das ist, für die Form, für das Gesetz, nach welchem sie wirket, und im eigentlichen Sinne für das Subjekt dieser Kraft, für mein Ich. So oft eine andere Kraft diese überwiegt, und abzuweisen vermag, sehe ich in der Handlung Unordnung und Disharmonie unter meinen Kräften anschauend; und hieraus entsteht das unangenehme Gefühl, das man böses Gewissen nennt. Ueberwiegt aber diese Kraft die andern, und weiset sie ab, oder findet selbe mit ihr harmonisch, so sehe ich in der Handlung Harmonie und Uebereinstimmung anschauend, und es entsteht das angenehme Gefühl, das man gutes Gewissen nennt.

6. Da das Sittengesetz nichts anders ist, als die Richtung der praktischen Vernunftkraft, oder das Gesetz, nach welchem der Trieb der praktischen Vernunft wirkt; die Vernunft aber weder selbst eine sinnliche Kraft ist, noch auch, wenn sie schon empirische Verstandesbegriffe unter Einheit bringt, in ihrer Wirkung von der Sinnlichkeit abhängt, so ist das Sittengesetz auch im kantischen Sinne ein Gesetz der Freyheit. Es scheint, daß zuerst eine Art

von

von Inſtinkt, hernach ein blinder Trieb das einiger
Maßen bewirke, was in der Folge durch den Trieb
der praktiſchen Vernunft bewirkt wird, welcher immer mehr ſich ausbreiten, und verſtärken kann, je
mehr die Vernunft ſich entwickelt. Vervollkommnung
der ſpeculativen Vernunft iſt zwar nicht an ſich
Vervollkommnung der praktiſchen Vernunft; aber ſie
führt doch ſicher dahin, wenn nur nicht von Seite
der Sinnlichkeit die Hinderniſſe dieſelben bleiben,
oder gar vergrößert werden.

7. Weil bey Befriedigung der geiſtigen Triebe,
folglich auch des Triebes der praktiſchen Vernunft
ein überſinnlich angenehmes Gefühl entſteht, ſo darf
man nicht den moraliſchen Trieb vom Glückſeligkeitstrieb ausſchließen, ſie einander entgegenſetzen, oder
dieſen jenem unterordnen. Der Trieb nach Glückſeligkeit begreift auch den geiſtigen, auch den moraliſchen Trieb unter ſich, und das ſinnlichvernünftige
Weſen iſt weder durch die alleinige Befriedigung der
ſinnlichen, noch durch die alleinige Befriedigung der
geiſtigen Triebe glückſelig, ſondern in der höchſtmöglichen Befriedigung beyder — oder vielmehr der Trieb
zur Glückſeligkeit iſt nichts anders, als der Trieb
der praktiſchen Vernunft. Denn der Trieb zur Glückſeligkeit iſt doch nichts anders, als ein Trieb zur
höchſtmöglichen Befriedigung aller Triebe, und wie

mehr

mehr die Kräften in Harmonie sind, und wie wenis ger eine die andere hindert, welches der Zweck des praktischen Vernunfttriebes ist, desto mehr können die Triebe befriediget werden. Es ist also die Formel: Handle allzeit so, daß die Glückseligkeit am meis sten bfördert werde, ganz identisch mit der oben angegebenen: Handle allzeit so, daß durch deine Handlung die Wirksamkeit der Kräften im Gans zen mehr befördert, als gehindert werde.

§. Das höchste Sittengesetz läßt sich auf die oben angezeigte Art rein und a Priori darstellen, und gebietet kategorisch: allein bey der Anwendung desselben auf die einzelnen Handlungen, ist es doch nicht anders möglich, als daß man Erfahrung eins mische. Um das Gesetz auf eine Handlung anzus wenden, muß ich die Handlung unter das Gesetz subs summiren, das ist, ich muß zu finden suchen, ob nicht die Kräften im Ganzen mehr gehindert, als ges stärket werden, wenn ich jetzt diese Kraft, zu Erreis chung dieses Zweckes so lange und so stark wirken lasse. Das kann ich aber bloß aus der Erfahrung, bloß aus den erkannten Folgen meiner Handlung ler nen. Da nun Erfahrung nie apodiktische Gewißheit giebt, Theils weil sie bey verschiedenen Personen, ja bey eben denselben in verschiedenen Zeiten verschieden zu seyn pflegt, Theils weil sie nie vollständig ist; so

ist

ift jede einzelne Handlung doch nur hypothetisch ge
bothen. Ich kann nicht mit Gewißheit wissen, es
kann mir nur mehr oder weniger wahrscheinlich seyn,
ob ich durch diese Handlung den Zweck, die Kräften
im Ganzen nicht zu hindern, sondern ihre Thätigkeit
zu erleichtern, erreichen werde oder nicht. Nur daß
ich ihn durch diese Handlung erreichen wolle, sagt
mir das Bewußtseyn — und das ist genug, um jene
Selbstachtung hervorzubringen. Wir können ein höch
stes Princip der Sittlichkeit aufstellen, welches als
Obersatz vollständige apodiktische Gewißheit hat, und
kategorisch gebietet; aber nie werden wir es zuwe
gen bringen, daß wir auch von den Untersätzen eben
solche Gewißheit erlangen, und folglich wird auch
der Schlußsatz fast immer nur wahrscheinlich seyn.
Immer werden verschiedene Menschen nach der Ver
schiedenheit ihrer sinnlichen Natur, ihrer Bedürfnisse
2c. ganz verschieden subsummiren; immer wird es
überwindliche und unüberwindliche Unwissenheit ein
zelner moralischen Gesetze geben — deßwegen hört aber
das Gesetz nicht auf unveränderlich zu seyn. Allen
ist dasselbe gebothen; das Gebothene mag auf die
selbe Art gethan werden können oder nicht. Daher
kommt es, daß im Moralischen das Wollen so gut,
wie das Thun ist.

Kant

Kant subsummirt nicht die Handlung, sondern die Maxime, das ist, den Bestimmungsgrund, nach welchem ich zu handeln im Begriffe bin. Bey ihm heißt die Schlußrede so: Wenn ich nach einer Maxime handle, von der ich wünschen kann, daß alle vernünftige Wesen sie zum Bestimmungsgrund beym Handeln machen, so handle ich moralisch gut: meine gegenwärtige Maxime ist eine solche — die Handlung, die ich vorhabe, wird also moralisch gut seyn. Hier ist der Untersatz eben so wenig apodiktisch gewiß, als wenn ich die ganz genau bestimmte Handlung subsummire. Denn a) bleibt auch hier noch eine Frage übrig, wie sie überall bey der kantischen Deduktion übrig zu bleiben scheint, deren Beantwortung gefordert wird, und möglich ist, nämlich die: Warum kann ich denn wünschen, oder nicht wünschen, daß meine Maxime von allen vernünftigen Wesen als Bestimmungsgrund angenommen würde? Man kann nicht sagen: Deßwegen, weil ich sie der Vernunft gemäß finde; denn das hieße im Cirkel herumgehen, und wenn ich wieder frage: Warum ist sie der Vernunft gemäß — so müßte ich wieder sagen: Deßwegen, weil ich wünschen kann rc. Denn dieses Wünschenkönnen beweiset mir ja erst, daß die Maxime Allgemeinheit habe, und folglich der Vernunft gemäß sey. b) Dieser Wunsch könnte wohl auch durch eine heftige Leidenschaft bewirkt werden; oder

eine

eine heftige Leidenschaft könnte mich so betäuben, daß ich dafür hielte, alle vernünftige Wesen könnten meine Maxime als Princip gelten lassen. c) Ob es der Vernunft gemäß sey nach einer gegebenen Maxime zu handeln, oder nicht, muß meistens erst aus den Umständen der Personen, der Zeit, des Orts, des äußern Zustandes ꝛc. erkannt werden; so, daß es einmahl recht und gut ist, die Maxime befolgen, ein anders Mahl unrecht und böse. Z. B. Die Noth des Petrus treibt mich an, ihm zur Erleichterung derselben einige Thaler zuzuwerfen. Wenn ich bloß frage: Kann ich wünschen, daß alle vernünftige Wesen die Erleichterung fremder Noth zum Bestimmungs-grund des Handelns machen, so könnte sich ein Caßier, der keine Thaler in seinem Vermögen hat, aber unvermerkt sie aus seines reichen Principals Caßa neh-men kann, bestimmen, fremde Noth mit fremdem Gel-de zu erleichtern. Oder er könnte sich bestimmen, seine Familie darben zu lassen, wenn er nur gerade so viel Thaler hat, als er zu seinem und der seini-gen Unterhalt braucht. Oder er könnte sich bestim-men, seine Thaler dem nächsten Nothleidenden hin-zuwerfen, ohne auf andere in größerer Noth sich befin-dende und würdigere eine Rücksicht zu nehmen. Man muß also, um zu wissen, ob die Befolgung einer Maxime vernunftmäßig sey, die Handlung, die ich nach der gegebenen Maxime verrichten will, mit allen

ihren

ihren Bestimmungen betrachten, oder, welches eins
ist, die Maxime so bestimmt sich denken, daß sie nur
auf diese Handlung passe. Man muß nicht nur
fragen: Kann ich wünschen, daß alle vernünftige We
sen diese Maxime als Gesetz befolgten, sondern ich
muß fragen: Ob ich wünschen kann, daß alle ver
nünftige Wesen, wenn sie gerade in den Umständen
wären, in welchen ich bin, diese Maxime als Prin
sip der Gesetzgebung gelten lassen. Das kann aber
nicht anders seyn, als dadurch, daß ich die Erfah
rung zu Hülfe nehme, und die Folgen meiner Hand
lung nach den Regeln der Wahrscheinlichkeit beurthei
le, und die angewandte Moral kann nie ganz rein seyn.

9. Aber so ist ja die Vernunft im Dienste der
Sinnlichkeit, und sie und die Menschheit werden ganz
unanständig herabgewürdiget? — Sie ist in ihrem
eigenen Dienst, wirkt nach der ihr eigenen Kraft,
befriediget ihr eigenes Bedürfniß. Freylich ist da
mit auch der Sinnlichkeit gedient, welche mit der
Vernunft verbunden ist. Sage man immer, die Ver
nunft sey im Dienste der Sinnlichkeit, so wie der
König im Dienste des Staates ist, von dem er als
Haupt auch einen Theil ausmacht. Ich habe schon
oben diese Vorstellungsart berührt; sie scheint mir
das Ganze vortrefflich zu beleuchten, und ließe sich
durch alle Theile schön ausführen. Man hat schon
                                                    lange

lange dem Menschen das Prädikat Mιχροχοσμος ge=
geben. Es kommt ihm noch mehr im moralischen
Betracht, als im physischen zu. Ich stelle mir den
Menschen als einen Staat vor, worin die Vernunft,
oder der moralische Trieb Regent, alle übrigen Trie=
be die Unterthanen in verschiedenem Range und Wür=
de sind. Die Untergebenen wirken aus Trieb zu
ihrem Privatwohl, aber das Gesetz, der moralische
Trieb, gebietet ihnen, das nur so ferne zu thun, als
es das Wohl des Ganzen gestattet *. Das Bewußt=
seyn, daß alle die verschiedenen Kräften und Triebe,
demselben Subjekte angehören, und zusammen ein
Ganzes ausmachen, verstärkt die Macht des Vernunft=
triebes. Der Staat steht am besten, wenn die Un=
tergebenen nichts anders wollen, als was sie sollen,
das ist, wenn die untergebenen Triebe nur zu dem
antreiben, wozu auch der Vernunfttrieb antreibt.
Dieser Zustand ist dem Menschen unerreichbar; es

kann

---

*) Wenn ich einen untergebenen Trieb befriedige, weil
dessen Befriedigung der Vernunft gemäß ist, so will ich
durch das untere Begehrungsvermögen das Objekt, wo=
durch dem Bedürfnisse abgeholfen, und der Trieb befrie=
diget wird: durch das obere Begehrungsvermögen will
ich unmittelbar die Realisirung der Vernunftform, und
mittelbar auch das Objekt, weil jetzt nur gerade an die=
sem die Vernunftform realisirt werden kann. Und so
entsteht Einheit des Wollens der beyden Vermögen, so
wie im Staate ein einziger Wille ist, wenn alle die Ge=
setze beobachten.

kann sich ihm nur nähern, und immer wird einige Nöthigung der Untergebenen nicht vermieden werden können, so wenig als Zwangsgesetze in den Reichen dieser Welt entbehrlich sind. Es entsteht eine Anarchie, wenn die Untergebenen dem Regenten zu stark werden, und er nicht mehr vermag sie zu nöthigen 2c.

Pope sagt im zweyten Briefe über den Menschen: Die Selbstliebe, die Triebfeder der Bewegung, treibt die Seele fort — die Vernunft mit ihrer vergleichenden Waagschale regieret das Ganze. Dieses Gleichniß ist sehr passend; doch, wie fast alle Gleichnisse, und poetische Ausdrücke nicht ganz genau und von allen Seiten wahr. Der Fuhrmann ist auch im Dienste der Pferde, und macht, daß sie mit weniger Anstrengung, und bälder die Last an Ort und Stelle bringen. Er weiset die Kraft der Pferde nicht ab, sondern mäßigt und leitet sie nur durch den Zügel, treibt sie auch wohl an mit Sporn und Geisel.

Und

Und nun, wenn keine von den beyden Parthenen auch nur in einem einzigen Punkte etwas nachs geben will, oder kann; wenn jede streng auf jeder ihrer Behauptungen besteht — wie weit stehen sie denn von einander?

1. Kant sagt, daß jede der Vernunft gemäße Handlung auch pflichtmäßig, und jede aus dem Beweggrunde der Vernunftgemäßheit entstandene eine gute Handlung sey. Das sagen auch die Verfechter des Glückseligkeitssystems. — Ist das nicht schon viel? Ist's nicht Uebereinkunft in der Hauptsache? *

2. Wenn

*) Ein Mißverstandniß scheint hier zwischen den beyden Parthenen zu herrschen: denn Kant redet manchmahl so vom Glückseligkeitssysteme, als wenn die Vertheidiger desselben den Satz: Thue das, was die Glückseligkeit am meisten befördert, als höchstes Sittengesetz aufstellten ohne Unterschied, ob ein Vernunft= oder ein bloß sinnliches Erkenntniß uns in den vorkommenden Fällen sage, daß durch diese oder jene Handlung die Glückseligkeit am meisten befördert werde. Das thun sie aber nicht! Auch nach den Lehrsätzen des Glückseligkeitssystems muß die Vernunft urtheilen, und entscheiden — freylich hier nicht eine ganz reine, sondern nur die empirische Vernunft. Da aber die angewandte Moral (wie auch Schmid Vers. einer Moralphil. §. 449. sagt) nur eine gemischte, Theils reine, Theils empirische Wissenschaft ist, so kann wohl mehr nicht gefordert werden. Daß es aber der Vernunft gemäß sey, daß ein vernünftig=sinnli-

2. Wenn die Handlung gut seyn soll, muß nach Kant Achtung für das Geſetz die einzige und vollſtändige Triebfeder ſeyn; alle andere müſſen abgewieſen werden. Nach den Verfechtern des Glückſeligkeit=ſyſtems aber bleibt die Handlung gut, wenn auch ſinnliche Triebfedern mitwirken. — Auch hier iſt der Abſtand nicht groß. Denn die kantiſchen Ausdrücke aus Achtung für das Geſetz heißen doch im Grunde nichts anders, als das, was die andere Parthey durch die Worte ſagen will: Die Handlung muß deßwegen geſchehen, weil ſie der Vernunft gemäß befunden wird. Es iſt eine bloß ſpeculative Differenz, die in der Anwendung gar keinen Einfluß hat, wenn Kant behauptet, bey dem Handeln aus bloßer Achtung für das Geſetz, handle man unabhängig von allem Wohl und Wehe ꝛc.,

und

ꞌhes Weſen durch ſeine Handlungen alle ſeine Kräfte im höchſtmöglichen Grade zu erhalten trachte — dieſer Satz ſteht doch wohl a Priori feſt, bloß durch die Begriffe Kraft, Vernunft ꝛc. Eben ſo und aus eben denſelben Gründen ſteht auch der andere Satz feſt: Es kann der Vernunft nie gemäß ſeyn zu handeln, wenn durch das Handeln die Kräften im Ganzen mehr gehindert werden, als durch das Unterlaſſen. Und ſo wäre Glückſeligkeit durch die Vernuuft beurtheilt, nicht nur, wie Kant ſagt, ein ſubordinirtes, und für die meiſten Fälle paſſendes; ſondern das ganz allgemeine *Principium obligandi* und *cognoſcendi*, und der Glückſeligkeitstrieb iſt ein wenigſtens comparative freyer Trieb.

und der andere Theil gar nicht glaubt, daß eine
Willenstriebfeder unabhängig vom Wohl und Wehe
sich denken lasse — und dafür hält, daß bey jeder
Handlung, welche deßwegen geschieht, weil sie der
Vernunft gemäß angesehen wird, zuerst das unangenehme Gefühl des Bedürfnisses der praktischen Vernunft (unter die Triebe Einheit, Ordnung, und
System zu bringen) welches sich äußert, sobald
eine untergebene Kraft rege wird, und dann auch
die Erwartung des angenehmen Gefühls bey der Befriedigung dieses Bedürfnisses antreibe. Doch hiervon ist oben schon genug gesagt worden. Kant
nennt selbst die Achtung für das Gesetz ein Gefühl,
welches wohl entweder angenehm oder unangenehm
seyn wird, und einige, sonst eifrige Kantianer sind
hierinfalls von ihm abgegangen.

Von mehr Bedeutung ist der zweyte hier be-
rührte Punkt, in welchem die beyden Theile von einander abweichen; indem Kant behauptet, daß bey
einer guten Handlung alle sinnlichen Triebfedern
müssen abgewiesen werden: die andern aber lehren,
daß es der Sittlichkeit nicht schade, wenn auch sinnliche Triebfedern von der Vernunft geleitet antreiben. Hier scheint mir Kant gar zu nahe bey den
Ideen der Stoiker stehen geblieben zu seyn. Es
scheint mir hieraus zu folgen, daß alle unsere sinnlichen

lichen Triebe uns gar zu nichts gut seyen ꝛc. Es scheint mir die Kluft zwischen den übersinnlichen und sinnlichen Kräften zu weit gelassen zu seyn, und man hat auf die Vereinigung der beyden Arten in Einem Subjekte, dem Menschen, gar nichts gebauet. Ein weiser Gesetzgeber promulgirt kein Gesetz, wenn er voraussieht, daß das ohne Befehl geschehen werde, was zweckmäßig ist, und geschehen soll — und die Handlungen sind dann zwar nicht einem besondern Gesetze, das nicht da ist, aber doch dem Geiste des allgemeinen Gesetzes und des Gesetzgebers gemäß. Auch hierüber ist schon oben genug gesagt worden.

3. Ob die kantischen Formeln des höchsten Grundsatzes der Sittlichkeit ganz rein und a Priori fest stehen, und ob nicht eben das von den Formeln des Glückseligkeitssystems könne gesagt werden, ob diese sowohl als jene vermischt, Theils rein, Theils empirisch seyen — das möchte wohl zuletzt auf einen bloßen Wortstreit hinauslaufen. Was die Anwendung anbelangt, fährt man bald mit diesen, bald mit jenen leichter. Am Besten wird man thun, wenn man in zweifelhaften Fällen sowohl die erstern als die letztern zu Rathe zieht. Der Satz: Handle so, daß die Maxime deines Willens jederzeit zugleich als Princip einer allgemeinen Gesetzgebung gelten könne

könne — und der andere: Handle so, daß durch deine Handlung die Glückseligkeit befördert werde — und der dritte: Handle so, daß die Kräften im Ganzen nicht vermindert und gehindert, sondern vermehrt, und ihre Wirksamkeit erleichtert werde — können einander wechselweise erläutern.

Da, bey was immer für einer Formel, oder auch bey mehreren, welche das höchste Vernunfts gesetz ausdrücken, sehr oft bey der Anwendung noch ein Zweifel übrig bleiben kann, so ist es gut, auch noch andere Grundsätze, die eben nicht das höchste Vernunftgesetz ausdrücken, zu Hülfe zu nehmen. 3. B. Das bey kaltem Blute gefällte Urtheil über eine Handlung ist dem in der Hitze der Leidenschaft aufsteigenden vorzuziehen. Was du im Allgemeinen als gut oder böse erkennst, mußt du auch in jedem einzelnen Falle als gut oder böse gelten lassen rc.

4. Nach den Grundsätzen des Glückseligkeits-systems, sagen die Kantianer, ist Klugheit und Sittlichkeit nicht verschieden, welche doch verschieden seyn müssen, und derer Verschiedenheit in der kantischen Deduktion schön und klar einleuchtet. Auch diese Verschiedenheit scheint mir von keiner Bedeutung zu seyn. Denn man nimmt das Wort Klugheit in so

weitweltschichtigem Sinne, daß man darunter sowohl wahre, als Scheinklugheit versteht. Jede sittlich= gute Handlung ist auch eine wahrhaft kluge Hand= lung, und jede wahrhaft kluge Handlung kann auch eine sittlich=gute Handlung seyn: aber sie ist dieß und jenes in verschiedener Rücksicht. Die Hand= lung ist moralisch, in soferne durch sie die Vernunft= form realisirt wird. Und sie ist wahrhaft klug, weil sie das beste Mittel ist, die Glückseligkeit so= viel zu vermehren, als sie jetzt gerade vermehrt werden kann. Es sind also alle gesetzmäßige Hand= lungen, sie mögen aus Pflicht geschehen oder nicht, wahrhaft kluge Handlungen; und alle wahrhaft klu= ge Handluugen sind entweder aus Pflicht, oder doch gesetzmäßig. Alle nichtgesetzmäßige Handlungen sind nur scheinbar kluge Handlungen. Sie können die besten Mittel seyn — nicht zu einem wahren, son= dern bloß zu einem Scheingut. Sie können die besten Mittel seyn zu etwas, das für einen einzelnen Trieb, ohne Rücksicht auf andere, ein Gut, ist, dessen Ge= nuß aber uns jetzt schon, oder für die Zukunft hin= dert, größere Güter zu genießen. Sollte Kant diese Sätze nicht als wahr gelten lassen? Sollten sie nicht seinen Grundsätzen gemäß seyn? Sollte es uns klug seyn können, zur Erhaltung der Würde des Menschen, der Selbstachtung sinnliches Wohl auf= opfern, das man genießen könnte? Sinnliche Schmer=

E

jen ertragen, die man abwerfen könnte? Oder sollte das Entgegengesetzte in irgend einem Falle wahrhaft klug heißen können?

Und nun, wenigstens für dießmahl genug über
den Grund der Sittlichkeit! Vollständig und ganz
ausführlich konnte ich die Materie nicht behandeln,
weil ich kurz seyn mußte. Wenn man meine gleich
Anfangs angezeigte Absicht, besonders den ersten
Punkt derselben nicht außer Acht läßt, wird man
leicht Ursachen finden, warum ich dieses wegzulassen,
jenes kurz, und das dritte etwas ausführlicher
darzustellen für gut befunden habe.

Sätze

Sätze
aus den verschiedenen Theilen
der
praktischen Philosophie.

I.
Aus der allgemeinen praktischen Philosophie.
A.
Thelematologie.

1. Unser höheres Eerkenntnißvermögen (das Vermögen das Mannigfaltige unter Einheit zu bringen) ist eine Kraft, und hat als solche Bedürfnisse, Zwecke, Triebe, die man übersinnliche nennen kann.

2. Neben diesen sind in uns auch sinnliche Kräften und Triebe.

3. Unter den Trieben des übersinnlichen Vermögens ist einer, dessen Bedürfniß darin besteht, unter alle zu unserm Ich gehörigen Kräften und Triebe, System, Ordnung und Einheit zu bringen. Diesen nenne ich Trieb zur Sittlichkeit, Trieb der praktischen Vernunft.

4. Indem

4. Indem wir uns als Theile des Menschenge-
schlechts als eines Ganzen ansehen, so muß der Trieb
der praktischen Vernunft sich auch auf andere Menschen
ausdehnen; d. i., er führt ein Bedürfniß mit sich
unter unsern und anderer Menschen Kräften, System, Ordnung und Einheit zu erhalten.

5. Das Grundgesetz aller Sittenregeln heißt
also: Handle allzeit so, daß durch deine Handlung die Wirksamkeit der Kräfte im Ganzen am
meisten befördert, am wenigsten gehindert werde.

6. Der Trieb der praktischen Vernunft beherrschet also alle andere Triebe, selbst die übersinnlichen.

7. Er beherrschet sie aber nicht unabhängig
von allem Wohl und Wehe, indem er mit Bedürfniß und Befriedigung desselben verknüpft ist.

8. Der Trieb nach Glückseligkeit begreift also
auch den moralischen Trieb unter sich: indem dieser
eine eigene, nur durch ihn erreichbare Lust hat; nämlich die Selbstachtung.

9. Ja, indem der Trieb der Sittlichkeit alle
andere Triebe beherrschet, so ist er nichts anders,
als der Trieb nach Glückseligkeit in seiner ganzen
Ausdehnung. Und in diesem Sinne genommen,
ist Glückseligkeit nicht ein untergeordnetes, und nur

für

für die meisten Fälle paſſendes, ſondern das ganz
allgemeine Princip, welches die Sittlichkeit der
Handlungen ertheilt, und zu erkennen giebt. (Principium obligandi et cognoſcendi.)

10. Man kann alſo wohl ſagen: Die Vernunft iſt im Dienſte der Sinnlichkeit, ſo nämlich,
wie der Regent im Denſte des Staates iſt.

11. Wie jede Kraft, ſo wirkt auch die Vernunft nach einem beſtimmten Geſetz, das iſt, auf eine
beſtimmte Art, welche Vernunftform heißt. Die
Realiſirung der Vernunftform iſt die Triebfeder, wodurch die untergebenen Triebe beherrſchet, und das
höhere Begehrungsvermögen beſtimmt wird.

12. Da die Vernunftkraft und ihre Wirkungsart von der Sinnenwelt ganz unabhängig iſt, und
eine eigene, durch keine Sinnlichkeit bezwingbare
Cauſſalität hat, ſo iſt das Geſetz der Vernunft ein
Geſetz der Freyheit; und man kann ſich ſelbes rein
und a Priori beſtehend denken.

B.
Agathologie.

13. Das Angenehme, welches aus der Befriedigung des moraliſchen Triebes entſteht, unterſchei-
det

bet sich in vielen Stücken von dem Angenehmen aller andern Triebe, der sinnlichen sowohl, als der geisti= gen. Es hat z. B. mehr Köstlichkeit; es läßt sich durch die Erinnerung vielmahl und allzeit mit eben derselben Lebhaftigkeit genießen ꝛc.

14. Die übersinnliche Lust, welche bey Befrie= digung des Triebes der praktischen Vernunft entsteht, kann und pflegt meistens, in Rücksicht auf einen oder mehrere untergebene Triebe, mehr oder weniger Wehe mit sich zu führen; aber in Rücksicht auf das ganze Ich und alle Triebe zusammen genommen, folgt doch allemahl mehr Wohl und weniger Uebel, als erfolgt seyn würde, wenn der Trieb der prak= tischen Vernunft nicht wäre befriediget worden.

15. Die der Qualität und Quantität nach verschiedenen Wohl und Wehe, welche aus der Be= friedigung oder Nichtbefriedigung der untergebenen Triebe erfolgen, müssen bekannt seyn, wenn nicht manchmahl durch Realisirung der Vernunftform, we= nigstens in Rücksicht auf alle untergebene Triebe, mehr Wehe als Wohl erfolgen soll.

16. Hierzu dient die gewöhnliche Abtheilung in das Wohl und Wehe der äußern, sowohl gröbern als feinern Sinne, und in das der innern, nämlich

der

der Phantasie und des Verstandes; weil es gerade in dieser Ordnung an Werth zunimmt, wenn man es nach aller In - Ex - und Protension schätzt. Das Wohl aus dem praktischen Vernunfttrieb kann mit diesen nicht verglichen werden, und man sagt deßwegen, es habe Würde.

17. Glückseligkeit oder das Uebergewicht des Wohls über das Wehe von allen Trieben, hat Grade, und wächst, wie die ungehinderte Vernunftwirksamkeit wächst, läßt sich im höchstmöglichen gedenkbaren Grade hier nicht erreichen; und das höchste Gut besteht in einem immerwährenden Fortschreiten, in einer fortgehenden Annäherung.

C.
Nomologie.

18. Da eine jede Kraft ihre eigene Wirkungsart oder Form hat, d. i., nach einem bestimmten Gesetze wirkt, so ist jeder Trieb gesetzgebend. Der Trieb der praktischen Vernunft giebt das moralische Gesetz.

19. Wenn ein durch verschiedene Gründe bestimmbarer Wille durch das moralische Gesetz bestimmt wird, so entsteht Verbindlichkeit, Verpflichtung.

tung. Das moralische Gesetz und die praktische
Vernunft sind dabey verpflichtend, und das Begehrungsvermögen der untergebenen Triebe wird ver-
pflichtet, oder empfängt Verpflichtung.

20. Zu einer Verpflichtung gehört also nicht
nothwendig ein vom zu verpflichtenden Subjekt verschiedener Oberherr, sondern nur mehrere, einander
untergeordnete Vermögen desselben Subjekts. Wenn
ein anderer z. B. ein Oberer Gründe zur Verpflichtung hergiebt, so muß doch der letzte Grund in der
Vernunft des Verpflichteten seyn.

21. Pflicht ist also jede Handlung, die durch
das moralische Gesetz nothwendig ist: und Recht
alles, was ohne Widerspruch dieses Gesetzes geschehen kann. Jeder Pflicht entspricht ein Recht.

22. Verdienst ist der höchste Werth einer Person, den ihr die Vernunft wegen ihren moralischen
Gesinnungen und Handlungsweise zulegt: und Schuld
ist der Unwerth einer Person wegen ihren unsittli-
chen Gesinnungen, welche sie durch ihre Handlungen verräth.

23. Das Verdienst wird nach der Größe der
wirklich bewiesenen Selbstthätigkeit der Vernunft im

Ver-

Verhältniße zu ihrer Möglichkeit; und die Schuld
nach dem Verhältniße der wirklich bewiesenen Unthä-
tigkeit der Vernunft zu der moralisch nothwendigen
und natürlich möglichen Thätigkeit derselben gemeßen.

24. Die Handlung, wodurch die Vernunft
Schuld, Unschuld, und Verdienst einer Handlung
oder einer handelnden Person zuschreibt, heißt moralische Zurechnung, Imputation. — Die Vernunft
rechnet alles zu, was durch sie bestimmt worden, oder
bestimmt hätte werden können, und sollen.

25. Die Vernunft fordert auch Vergeltung,
d. i., Belohnung für gute Gesinnuugen und Handlungen, und Strafe für böse. Man muß aber die
Begriffe der Belohnungen und Bestrafungen von
ähnlich scheinenden Verhältnissen genau unterscheiden.

26. Sowohl über Verdienst und Schuld, als
über Straf = und Belohnungswürdigkeit urtheilt
Gott anders als der Mensch.

27. Die Anwendungen, die wir vom moralischen Gesetze auf uns selbst, auf unsere Handlungen
und Gesinnuugen in concreto machen, werden dem
Gewissen zugeschrieben, welches man als Vermögen,
als Fertigkeit, und als Verrichtung zu betrachten pflegt.

D.

D.

Aretologie.

28. Tugend ist das Uebergewicht des moralischen Triebes über alle untergebene; oder die Tugend besteht in dem Uebergewichte der Neigung zu
der übersinnlichen Lust, die aus der Befriedigung
des moralischen Triebes entsteht, über die Neigung
zu dem Wohl was immer für anderer Triebe.

29. Es giebt also nur Eine formale Tugend;
materialer Tugenden giebt es so viele Classen, als
es untergeordnete Triebe giebt. Die christliche und
die bürgerliche Tugend stehen auch unter dem Beweggrunde der natürlichen Tugend.

30. Lasterhaftigkeit ist das Uebergewicht eines
untergeordneten Triebes über den moralischen. —
Sünde eine vom Sittengesetze abweichende Handlung. — Wenn man eine Sünde gegen besser Wissen und Gewissen Bosheitssünde nennen will, so
giebt es solche. Man kann alle Sünden Nachläßig-
keitssünden nennen.

II.

II.
Aus der Moral.

A.
Pflichten gegen sich selbst.

31. Es ist nicht schwer aus dem höchsten Sittengesetze die Selbstpflichten zu erkennen. Ich darf nur nicht übersehen, die höhere Kraft der niedrigern, mehrere einer einzigen, die Hinderung des gänzlichen Untergangs einer auch niedrigern dem erhöhten Grade einer wichtigern vorzuziehen, und überhaupt das gehörige Verhältniß aller Kräfte untereinander zu erhalten.

32. Eben so muß ich mich in Rücksicht auf die außer mir liegenden Hindernisse und Beförderungsmittel der Wirksamkeit meiner Kräfte verhalten.

33. Es kann kaum einen Fall geben, wo es Pflicht wäre, sich selbst vorsetzlich das Leben zu nehmen: aber es giebt mehrere, wo es Pflicht wird, sein Leben der Gefahr auszusetzen, seine Gesundheit und Kräften nicht zu schonen.

34. Freywillige Armuth und Ehelosigkeit sind viel seltener Pflicht, als das Entgegengesetzte.

35. Was

35. Die Gewaltthätigkeit ist zwar, nach der Vernunft geschätzt, kein taugliches Mittel, die äußere Ehre zu vertheidigen; aber es sind doch Fälle möglich, wo man deßwegen auch das Leben einer Gefahr aussetzen darf.

36. Innere Ehrwürdigkeit, als Folge der Achtung, die der Mensch für sich selbst, als vernünftiges Wesen hat, ist das höchste aus den einzelnen Gütern, und geht also auch dem Leben vor.

B.
Pflichten gegen andere.

37. Die andern Menschen alle sind Theile von eben dem Ganzen, zu dem wir gehören. Das allgemeine Gesetz unsers Verhaltens gegen die Nebenmenschen heißt also: Verhalte dich in Rücksicht auf die Kräften anderer eben so, wie du dich in Rücksicht auf deine eigenen Kräften verhältst; oder handle immer so, daß durch deine Handlung die Wirksamkeit der Kräften in der ganzen Menschheit mehr befördert als gehindert werde.

38. Nur in dem Falle, wenn eine eben so wichtige Kraft, und in eben dem Grade in mir, oder in einem andern kann erleichtert, oder muß

gehin-

gehindert werden, darf ich mich selbst dem andern vorziehen.

39. Dieß erstreckt sich auf alle Menschen ohne Ausnahme, auch auf die Feinde. Hieraus muß man auch beurtheilen, welche Menschen, und in was für Umständen man andern vorziehen soll.

40. Es kann Fälle geben, wo man die Wahrheit verhelen, vielleicht auch, wo man Unwahrheit sagen darf.

c.
Pflichten gegen Gott.

41. Das Daseyn Gottes vorausgesetzt (es mag nun aus der speculativen Vernunft unumstöß-lich bewiesen, oder bloß als Postulat der praktischen Vernunft geglaubt werden können), ist es gewiß, daß wir gegen Gott auch Pflichten haben.

42. Um diese Pflichten und ihre Beschaffenheit recht genau zu erkennen, muß man nicht vergessen, a) daß wir durch unsere Handlungen auf Gott und seine Kräften zu wirken nicht vermögen, und b) daß unser Vorsatz das moralische Gesetz auszuüben, Standhaftigkeit, und die moralische Triebfeder über-

wiegende

wiegende Kraft, vorzüglich dadurch erhalten, daß wie uns unsere Pflichten als Gebothe der Gottheit, der höchsten Vernunft denken.

43. Der Inbegriff aller Pflichten, als Gebo- the Gottes heißt Religion: welche moralische Gesin- nung nicht hervorbringt, sondern voraussetzt. — Man darf auf die Existenz der Gottheit keine Rech- te und Pflichten gründen, die nicht auch außerdem Platz hätten.

44. Gottesverehrung ist unendliche Achtung für die unendliche Würde des sittlich-vollkommen- sten; sie unterscheidet sich von der mystischen Liebe Gottes und vom eigentlichen Gottesdienst.

45. Unmittelbare Gottesverehrung ist Erhal- tung und Erhöhung der persönlichen Würde Gottes in uns und in andern. Das geschieht durch Got- tesbetrachtung und religiöse Gefühle (Andacht, Ge- beth, äußeres und inneres).

46. Der Abergläubige fürchtet mehr die Macht Gottes, als er dessen Weisheit und Güte verehrt. Der Bigotte unterordnet alle Pflichten der unmittelbaren Religiosität; der wahre Andächtige un- terordnet die Andacht den thätigen Tugenden.

47. Mit-

47. Mittelbare Religiösität ist Erhaltung und Beförderung der Zwecke Gottes, a) durch religiöse Verehrung des Vernunftgesetzes, als eines göttlichen, b) durch religiöse Beurtheilung der Welt, c) durch religiöse Behandlung aller Geschöpfe und Einrichtungen Gottes in der Welt.

III.
Aus dem Naturrechte.

48. Man versteht unter Naturrecht den Inbegriff der natürlichen Zwangsrechte und Zwangspflichten. Aus dem allgemeinen Menschheitsrecht zur eigenen, freyen Thätigkeit, welches aus dem Begriffe des moralischen Gesetzes, also a Priori, erkannt wird, fließt auch das Zwangsrecht, nämlich das Recht, diejenigen in der freyen Thätigkeit physisch einzuschränken, die im Begriffe sind mich einzuschränken, oder mich gar schon eingeschränkt haben.

49. Wenn die freye Wirksamkeit sich auf wesentliche, nothwendige Zwecke bezieht, so ist das Recht dazu unverdußerlich, und die das Recht durch Zwang zu vertheidigen vollkommen; bezieht sie sich aber nur auf zufällige Zwecke, so ist das Recht verdußerlich, und die Pflicht es zu vertheidigen unvollkommen.

50. Zwang

50. Zwang ist erlaubt, wenn er phyſiſch und moraliſch möglich, das iſt, wenn er Pflicht iſt. Er muß alſo der Abſicht, ſein Recht, ſein Gut zu vertheidigen, oder wieder zu erhalten, entſprechen. Andere abzuſchrecken von Beleidigungen iſt nur ein Nebenzweck, der allein den Zwang nicht erlaubt macht.

51. Die Beurtheilung des Rechts und der Pflicht zu zwingen gehört für das innerliche Gericht des Zwingenden: man kann es aber vertragsmäßig einem dritten überlaſſen, und ſo allein kann äußerliches Gericht realiſirt werden.

A.
Abſolutes Naturrecht.

52. Der abſolute Naturzuſtand iſt ein Stand der Gleichheit und der Freyheit. Das Recht, ſeine angebohrnen Rechte und Güter mit Gewalt zu ſchützen, kann man gegen wirkliche oder wahrſcheinlich zukünftige Beleidiger ausüben; und zwar ſo lange, bis man vor dem Beleidiger für jetzt und für die Zukunft ſicher iſt, und für das Vergangene Entſchädigung hat.

B.

B.

Hypothetiſches Naturrecht.

53. Aus dem Rechte der eigenen freyen Thätigkeit fließt das Recht des Genuſſes der Früchte
von dieſer Thätigkeit, das iſt, das Recht, äußere,
Niemanden angehörige Sachen, nach dem man auf
ſelbe gewirkt hat, als ſein Eigenthum zu betrachten.

54. Aus eben dem Grunde kann man auch durch
Acceſſion Eigenthümer werden. Man verliert das
Eigenthum nicht wider ſeinen Willen, und kann es
vom redlichen und unredlichen Beſitzer zurückfordern;
dieſer hält den Eigenthümer ganz, jener ſoferne ſchad-
los, als er es ohne eigenen Schaden kann.

55. Durch wechſelsweiſe Einwilligung oder Vertrag kommt das Eigenthum von einem Menſchen zu
dem andern. Die wirkliche Uebergabe iſt hierzu nicht
nothwendig. Der Käufer eines Buches erhält mit
dem Eigenthume kein Recht zum Nachdrucke.

56. Alle Verträge gründen Zwangspflichten,
wenn ſie nur nicht durch Betrug oder ungerechte Gewalt eines der Compaciſcenten veranſtaltet ſind. Beym
Darlehn darf man ſich was immer für Zinſen aus-
bedingen.

C.

C.

Gesellschaftsrecht.

a.

Allgemeines Gesellschaftsrecht.

57. Die Einwilligung in das zum Zwecke der Gesellschaft Nothwendige und Nützliche wird vermuthet. Auch muß man, wenn es zweifelhaft ist, vermuthen, daß die Gesellschaft eine gleiche sey.

58. In der ungleichen Gesellschaft ist ein ausdrückliches oder stillschweigendes Fundamentalgesetz die Richtschnur der wechselsweisen Rechte und Pflichten: denn eine ganz unbegränzte Obergewalt über Menschen giebt es nicht.

59. Das Strafrecht der Obern in den Gesellschaften richtet sich nach den Regeln des Vertheidigungsrechts im natürlichen Zustande.

b.

Von den kleinern Gesellschaften.

60. Der Ehevertrag zwischen Blutsverwandten, Polygamie und temporäre Ehen sind zwar nicht überhaupt unzuläßlich; thun aber doch in den meisten

sten Fällen der Bestimmung des Geschlechtstriebs und den übrigen Zwecken der Menschheit Abbruch.

61. Es ist Zwangspflicht für die Eltern, ihre Kinder so zu erziehen, daß sie ihr Leben erhalten können, und andern Menschen nicht lästig oder gefährlich werden. Diese Pflicht ist der Grund, und also auch die Begränzung der elterlichen Gewalt, bis zur Zeit, wo die Kinder Vernunftgebrauch erhalten, und mit ihren Eltern in Gesellschaft treten.

62. Der Grund der Pflichten zwischen Lohnbedienten und ihren Herren ist ein freywilliger Vertrag. Die Gesellschaft zwischen Despoten und Sklaven kann auch aus einem erzwungenen Vertrag entstehen: aber nie kann sich ein Despot vollständiges Eigenthum über die Person seines Sklaven erwerben.

c.
Aus dem allgemeinen Staatsrechte.

63. Auch die bürgerliche Gesellschaft kann nur durch Einen oder mehrere Verträge gültig werden. Es kann ein gültiges Patrimonialreich — aber nicht eine gültige Despotie geben.

F 2   64. Aeuße

64. Aeußere Sicherheit und bürgerliche Frey-heit sind die wesentlichen Zwecke des Staats: die zufällig damit verbundenen müssen ihnen unterge-ordnet werden.

65. Bürgerliche Freyheit besteht in der syste-matischen Vereinigung des möglichen Gebrauchs aller persönlichen Rechte und Kräften jedes Einzelnen mit der Freyheit aller Uebrigen durch Gesetze.

66. Der Regent ist nicht an seine Gesetze ge-bunden, und kann auch einzelne Unterthanen davon loszählen. Wenn Todesstrafen nothwendig sind, sind sie auch gerecht. Tortur kann kaum jemahls nothwendig werden.

67. Das der obersten Gewalt zukommende Recht der Gesetzgebung und Oberaufsicht erstreckt sich auch auf die Religion.

68. Den Umfang des Rechts der Waffen be-stimmt allein die Vertheidigung des Staates. Die Aemter des Staates dürfen nicht — Rang und Wür-de sollen nicht käuflich seyn.

69. Die Staatsgüter darf der Regent ver-walten, und durch herrenlose Güter sowohl, als

auf

auf andere Art rechtmäßig vermehren; aber nicht veräußern.

70. Das Obereigenthumsrecht des Regenten über die Privatgüter einzelner Unterthanen, ganzer Stände und Gesellschaften hat nur im äußersten Nothfalle Platz.

d.
Völkerrecht.

71. Ein Volk ist, wie der Mensch im Natur-zustande, frey, unabhängig und andern gleich.

72. Zum Eigenthume des Volkes gehört sein ganzes Territorium, wovon es jeden Fremden aus-schließen kann.

73. Jedes Volk hat alle angebohrne und hy-pothetische Rechte des außergesellschaftlichen Men-schen: also auch das Recht Eigenthum zu erwer-ben, und das Recht der Verträge. Volksverträge verbinden auch noch, wenn der Regent oder die Re-gierungsform geändert worden. Fast durchaus muß der Nachfolger die Schulden des Vorfahrers be-zahlen.

74. Ver

74. Verträge müssen auch dem Feinde gehalten werden. Das Nothrecht hat nur Platz, wenn die Existenz des Volks als Volk in Gefahr ist.

75. Ein angenommener Gesandter hat Exterritorialität in allem, was seine Geschäfte betrifft: aber es ist nicht Zwangspflicht ordentliche Gesandte anzunehmen. Was ein Gesandter seiner Vollmacht gemäß thut, ist soviel, als eigene Handlung des Volks.

76. Das Kriegsrecht eines Volks darf nur auf Beleidigungen, nicht auf Erhaltung oder Herstellung des Gleichgewichts, und ähnliche Ursachen gegründet werden.

77. Weder zur Neutralität noch zur Allianz kann ein Volk rechtmäßig gezwungen werden.

78. Aus dem Kriegsrechte folgt auch das Recht zu Repressalien: doch darf dadurch einem einzelnen Unschuldigen kein unersetzlicher Schade zugefügt werden.

79. Zur Vermittlung kann ein Volk nicht gezwungen werden, auch nicht sich aufdringen. Der

Der

Vermittler ist als solcher nicht zur Garantie verbunden.

80. Bey jedem Friedensschluß, der verbündlich ist, wenn er auch durch einen offenbar ungerechten Krieg erzwungen worden, wird Amnestie verstanden.

www.ingramcontent.com/pod-product-compliance
Lightning Source LLC
Chambersburg PA
CBHW031442270326
41930CB00007B/833